Opus 52

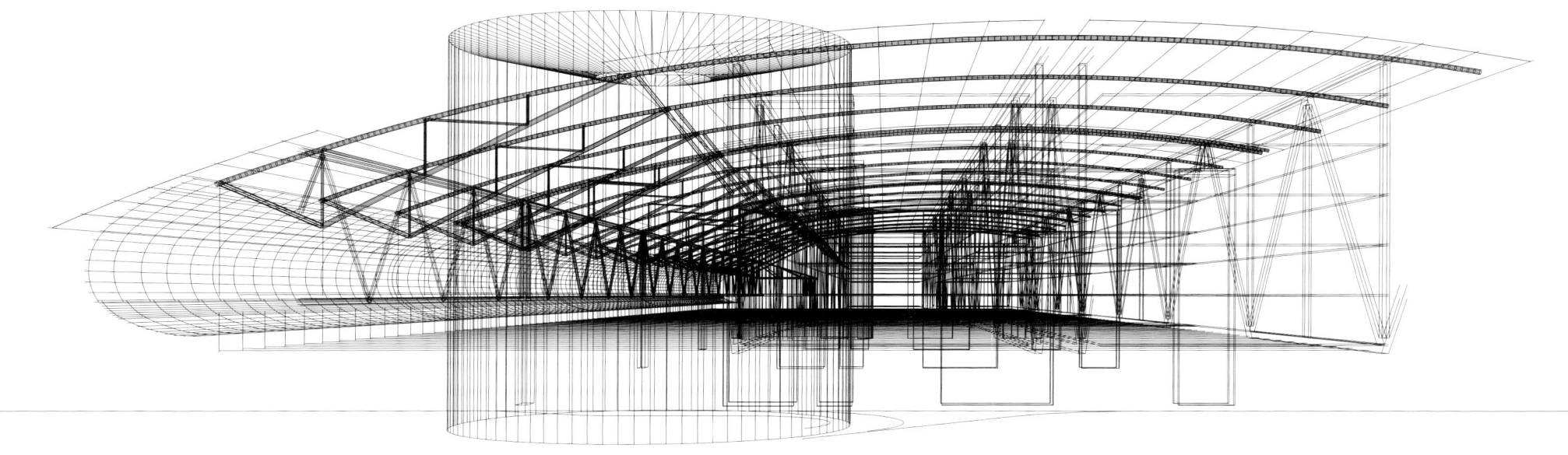

Brunnert und Partner
Flughafen Leipzig/Halle

**Text
Martina Düttmann**

**Photographien / Photographs
Christian Richters**

Edition Axel Menges

Herausgeber/Editor: Axel Menges

© 2004 Edition Axel Menges, Stuttgart / London
ISBN 3-930698-52-8

Alle Rechte vorbehalten, besonders die der Übersetzung in andere Sprachen.
All rights reserved, especially those of translation into other languages.

Reproduktionen/Reproductions: Bild & Text Joachim Baun, Fellbach
Druck/Printing: Druckhaus Münster GmbH, Kornwestheim
Bindearbeiten/Binding: Buchwerk GmbH, Darmstadt

Übersetzung ins Englische/Translation into English: Friedrich Ragette
Design: Axel Menges

Inhalt

6 Martina Düttmann: Angewandte Logik: Das Brückenbauwerk für den Flughafen Leipzig/Halle

22 Grundrisse und Schnitte

30 Bildteil
Gesamtansichten 26 – Parkhaus 30 – Mall 43 – Zentral-Check-In 49 – Bahnhof 58 – Ausklang 68

72 Daten

Contents

7 Martina Düttmann: Applied logic: the bridge building
for the Leipzig/Halle Airport

22 Floor plans and sections

30 Pictorial section
General views 26 – Car park 30 – Mall 43 – Central
check-in 49 – Railway station 58 – Epilogue 68

72 Credits

Martina Düttmann
Angewandte Logik: Das Brückenbauwerk für den Flughafen Leipzig/Halle

Das Überraschende an dem Entwurf für den neuen Flughafen Leipzig/Halle ist dies: Die funktional vorbildliche Lösung ließ sich nur finden, weil die Architekten den Masterplan, der einem bundesoffenen Wettbewerb zugrunde lag, neu interpretiert haben, weil sie den Vorgaben der Auslobung also nicht folgten und damit das Risiko eingingen, aus dem Verfahren ausgeschlossen zu werden. Genau das haben sie sich zugemutet – und am Ende damit Erfolg gehabt.

Seit Gründung der Architektenpartnerschaft im Jahr 1967 waren deren Aufträge, ob Schulen, Sporthallen oder Verwaltungsbauten, fast alle aus Wettbewerbserfolgen hervorgegangen. Die Stuttgarter Partnerschaft zwischen den vier Architekten Hans-Georg Brunnert, Hasso Mory, Wolfgang Osterwalder und Manfred Vielmo, in der jeder der Architekten seine eigenen Projekte betreut und dafür verantwortlich gezeichnet hat, bestand 25 Jahre lang. Erst dann schienen sich die Architekturauffassungen doch auseinanderentwickelt zu haben, und Hans-Georg Brunnert schied aus. Der Wettbewerbsentwurf für den Flughafen Leipzig/Halle wurde noch im Rahmen der alten Partnerschaft gewonnen, der Auftrag für den Bau des Flughafens und etwas später der Direktauftrag für den ICE-Bahnhof gingen an das 1995 gegründete Büro Brunnert und Partner.

Vielleicht, könnte man spekulieren, war es gerade diese langjährige Erfahrung mit Wettbewerben, die das Büro zu einem solchen Schritt befähigte, vielleicht aber war es auch das Vertrauen in eine sachlich richtige Wettbewerbsentscheidung, das den Ausschlag gab und das Hans-Georg Brunnert bei seinem berufspolitischen Engagement im Bundeswettbewerbsausschuß einfach haben muß. Auf jeden Fall beteiligt sich auch das neue Büro weiterhin an Wettbewerben, und wenn es in den vergangenen neun Jahren weniger waren als gewünscht, dann hatte das viel mit dem hohen Betreuungsaufwand zu tun, den der komplizierte Ablauf der Bauarbeiten am Flughafen Leipzig/Halle erforderte. Natürlich konnte man, nun einmal mit dem Thema Flughafen beschäftigt, keinen der drei Wettbewerbe (Erweiterung der Flughäfen Stuttgart, Frankfurt und Graz), die während der Bauzeit des Flughafens ausgeschrieben wurden, versäumen, allerdings hat man keinen der drei gewonnen.

Das Büro der Architekten hat seine Räume in einer alten Villa. Das stimmt nicht ganz: Es residiert in einem eigenen, halb versteckten, gläsernen Anbau an eine Villa von Eisenlohr und Weigle aus dem Jahr 1876 und teilt sich mit ihr den Eingang unter gußeisernen Säulen. Der Büroanbau von 1994, zur Mörikestraße eingeschossig und zurückgesetzt, kann durch seine Lage an einem ehemaligen Weinberg auf der Hangseite dreigeschossig nach unten wachsen. Die Villa entlehnt ihre italienisch anmutenden Formen den Bauten der Frührenaissance. Der Neubau gibt ihr einen neuen Rahmen aus Stahl und Glas, dazu Beton und farbige Putzflächen. Klar gegeneinander abgegrenzte Schichten müssen sich abzeichnen, so lautet die Auffassung des Büros, das, nach Vorbildern gefragt, auf Karljosef Schattner und Carlo Scarpa verweist. Doch es geht dabei nicht nur um Alt und Neu. Auch das neue Haus soll seine innere Struktur offenbaren und zeigen, wie es gefügt ist. Deshalb werden die großen Spannweiten für die stützenfreien Büros in Überzügen sichtbar gemacht, deshalb ist die Glasfassade zum Garten hin mit Abstand vor die Überzüge gestellt.

Jemand, der wie ich diesen Bau nur aus Plänen und Photographien kennt, kann mehr nicht dazu sagen. Ein anderer, ein Kenner Stuttgarts, meint am Telefon: »Du schreibst über Hans-Georg Brunnert? Da solltest Du in den Stuttgarter Süden gehen und sein Bürohaus ansehen, ein gläserner Flügel zwischen altehrwürdigen Villen. Du würdest sofort spüren, daß hier ein hervorragender Architekt am Werk war ...«

Klarheit ist sicher ein Ziel, das sich das Büro, ohne es so zu formulieren, bei allen seinen Aufträgen setzt.

1, 2. Das eigene Bürohaus in der Mörikestraße in Stuttgart spiegelt mit seiner dreigeschossigen Glasfassade und der sichtbaren Tragkonstruktion den Umgang mit alter und neuer Bausubstanz. Der angrenzenden alten Villa bleibt eindeutig der Vortritt. Am Übergang zwischen Alt und Neu wird die ehemals offene Remise jetzt als Teil des Architekturbüros genutzt.
3, 4. Die Hauptniederlassung von Siemens in Stuttgart als additive Kammstruktur, die sich durch verbindende Zwischenbaukörper nach außen abschirmt. Das Ergebnis: offene, transparente Wege und eine leichte Orientierung.

1, 2. The architects' office building in Mörikestrasse in Stuttgart reveals, with its three-storey glass façade and the visible structural frame, the architects' attitude towards old and new building fabric. The adjoining old villa is clearly given precedence. The previous coach-house linking old and new became part of the architects' office.
3, 4. The main branch of Siemens in Stuttgart has repetitive courtyards screened to the outside by low links. The result: open and transparent paths afford easy orientation.

Martina Düttmann
Applied logic: the bridge building for the Leipzig/Halle Airport

This is the surprising aspect of the design for the new Leipzig/Halle Airport: the exemplary functional solution could only be found, because the architects entering this nation-wide competition disregarded the brief. They reinterpreted the given constraints and accepted the risk of being disqualified. This was their gamble – and in the end they won.

Since the founding of the architects' partnership in 1967 most of their commissions came from successful competitions, be they schools, sports facilities or office buildings. The Stuttgart partnership of architects Hans-Georg Brunnert, Hasso Mory, Wolfgang Osterwalder and Manfred Vielmo lasted twenty-five years. Each architect used to design his own project, follow its execution and to carry full responsibility. But with time their architectural concepts seem to have drifted apart and Hans-Georg Brunnert left the group. The competition for the Leipzig/Halle Airport had still been entered by all four partners, but the commission for the construction of the airport and somewhat later the direct award for the ICE (high-speed) railway station went to the office of Brunnert and Partner in 1995.

Maybe it was the extensive competition experience which prompted the partnership not to follow the brief, possibly it was the confidence Hans-Georg Brunnert had gained as member of the Federal Commission for Competitions, to rather follow professional conviction. In any case, the new office continues to enter competitions and if there have been fewer of them in the past nine years, it had to do with the time consuming realization of the complicated construction of the Leipzig/Halle Airport. Obviously, being already involved with one airport, none of the three competitions for the airport extensions in Stuttgart, Frankfurt or Graz could be missed, although none would be won.

The new office of the architects resides in an old villa. Not really: it is in a separate, nearly hidden glass extension of a villa by Eisenlohr and Weigle from the year 1876, having a common entrance with cast-iron columns. The 1994 office addition has a recessed single floor towards Mörikestrasse; due to its position on an abandoned vineyard it steps down three floors on the valley side, enclosing the old garden. The Italianate villa derives its forms from Early Renaissance. The new construction along the plot line adds a frame of steel and glass, with concrete and coloured stucco. Individual elements must be clearly distinguished, this is the credo of the office, pointing to Karljosef Schattner and Carlo Scarpa when asked for precedents. But it is not only a question of old and new. The new building reveals its inner structure, shows how it is built. Inverted beams indicate the long spans of the columnless space, the glass façade towards the garden keeps its distance from the structure.

Someone like myself, who knows the building only from plans and photos, cannot say any more. A connoisseur from Stuttgart tells me on the phone: »You write about Hans-Georg Brunnert? You should go to south-Stuttgart and see his office, a glass wing among venerable villas. You will feel immediately, this is good architecture ...«

Certainly, and without saying it, clarity is an objective in all projects of the office. Architecture must be self-explanatory, must accommodate the user, not by smothering him with forms, but by making things plain. Easy orientation, logical paths, much light – those are the characteristics; also in the Leipzig/Halle Airport. The inner logic of a building should be felt everywhere, as should its structure.

However, the building's logic must not go against the given constraints, it must evolve out of them. At the Siemens headquarters in Stuttgart (1991–94) multiple demands had to be met: 21 m deep open office space, material and finishing standards prescribed by the Siemens construction bureau. The location was an

Daß die Architektur sich selbst verständlich macht. Daß sie dem Nutzer entgegenkommt, indem sie ihn nicht mit Formen überschüttet, sondern ihm wortwörtlich den Weg ebnet. Einfache Orientierung, sinnvoll geführte Wege, viel Licht und der Ausblick ins Freie, das sind wichtige Merkmale der Bauten des Büros. Die innere Logik eines Gebäudes soll an jeder Stelle spürbar werden, auch die der Konstruktion.

Wobei die Gebäudelogik sich nicht gegen Gegebenheiten auflehnt, sondern sich aus ihnen entwickelt. Bei dem Bau der Hauptniederlassung für Siemens in Stuttgart (1991–94) mußten vielerlei Vorgaben berücksichtigt werden: 21 m tiefe Großraumbüros, Material- und Ausstattungsstandards, wie sie der Bauherr vorschrieb, und ein Standort in einem damals noch leeren Gewerbegebiet, das an eine Wasserschutzzone angrenzt. Daraus entstand kein Solitär, der sich anschickt, als Firmenlogo das noch jungfräuliche Gebiet zu beherrschen, sondern eine additive Baustruktur, die sich nach innen richtet, um sich gegen das spätere, vorerst noch unvorhersehbare Baugeschehen abzuschirmen. Kammartig angeordnete Einzelgebäude weisen nach innen und sind über Stege verbunden. Ihre Treppenhäuser sind als durchgehende lichte Hallen ausgebildet, denn in keinem der Flure soll je einer das Gefühl haben, er wisse nicht, wo er sich befindet. Jeder Flur, jeder Raum definiert sich durch seine Lage an dem grünen Innenhof, dessen Wasserbecken durch ein Wadi-System gespeist wird. Inzwischen ist das Gebiet ringsum mit Gewerbebauten unterschiedlichster Art aufgefüllt.

Gehen wir noch weiter zurück, zu den Schulbauten der 70er Jahre. An den Schulzentren in Ellwangen und in Neckartenzlingen zum Beispiel, die 1974 gemeinsam den Hugo-Häring-Preis erhielten, hob die Jury hervor, daß die beiden Bauten, obwohl in dem gleichen stapelbaren Konstruktionssystem errichtet, durch ihre vielfältig verschachtelten Innen- und Außenräume dieses System überspielten, weil sie die immer wieder gleichen Teile ganz verschiedenartig einzusetzen wüßten. Nirgendwo gibt es dunkle Zonen, alle Flure führen an Innenhöfen entlang. Also auch hier wieder: die leichte Orientierung, viel Licht, eine beinahe japanisch anmutende Leichtigkeit trotz Stahlbeton, und das alles bei Einhaltung der gestellten Bedingungen – Schulen wurden damals schnell gebaut, am besten aus Fertigteilen, um sie gegebenenfalls ohne großen Aufwand erweitern zu können.

Nur noch ein Beispiel: Der Auftrag der Deutschen Flugsicherung GmbH für eine Erweiterung des Luftlotsenraums am Standort Bremen. Bauen im Bestand, die Arbeiten mußten bei laufendem Betrieb stattfinden. Was aber ist ein Luftlotsenraum anderes als ein Raumcontainer, in dem es dunkel ist? Aber muß es notwendig darin dunkel sein? Im ersten Bauabschnitt wurde eine querliegende Stahlrahmenkonstruktion gewählt und mit einer rundum laufenden Fassade aus Profilglas versehen, vor der ein Lamellenscreen hängt. Die Fluglotsen arbeiten von nun an in einem neuen, mit diffusem Tageslicht ausgeleuchteten, blendungsfreien Raum, sie wissen wieder, wann es Tag ist und wann Nacht. In Augenhöhe spreizen sich die Lamellenbänder für ein Fensterband aus Klarglas. Ausblicke ins Freie werden möglich.

Die genannten Beispiele könnten den Eindruck erwecken, als handelte es sich immer um die bestmögliche Lösung unter korrekter Einhaltung der vorgegebenen Bedingungen. Aber wenn die Bedingungen sich gegen die bestmögliche Lösung stellen, dann müssen sie, so die Auffassung des Büros, durch den Entwurf in Frage gestellt werden. So geschehen bei der Umdeutung der Lichtverhältnisse im Fluglotsenraum, die das Arbeiten angenehmer machen, aber der bestehenden Konvention zuwiderlaufen und deshalb nur schwer durchzusetzen waren. Die gleiche Haltung brachte den Wettbewerbsentwurf für den Flughafen Leipzig/Halle hervor.

5–7. Beitrag zum Wettbewerb für die Erweiterung des Flughafens Frankfurt/Main, 2. Phase der ersten Stufe, 2002.
5, 6. Schaubild und Modell der Gesamtanlage. Zonierung in vorfeldbezogene Betriebsbereiche wie Cargo und Flugzeugwartung sowie Speditionen, Dienstleistungen, Parken und das vorgelagerte Terminal.
7. Innenraum des Projektes für den neuen Terminal des Flughafens Frankfurt/Main. Geschoßverbindende Einschnitte (Canyons) gliedern Terminalhalle und Abfertigungsbereich.

5–7. Entry to the competition for the extension of Frankfurt/Main Airport, second phase of first stage, 2002.
5, 6. Rendering and model of the project. Zoning of apron-related facilities such as cargo and maintenance, forwarding, services and parking, with terminal in background.
7. Interior of the project for the new terminal of Frankfurt/Main Airport. Articulation of terminal hall and check-in area by means of inter-level voids (canyons).

empty industrial zone, close to a water protection area. This did not engender a unique solution, a firm's logo to dominate the virgin grounds, but turned into an introverted scheme of additive elements, which would not be affected by unpredictable future developments. Comb-like individual units extend inward and are connected by raised passages. Transparent staircases throughout assure that at no point one will have the feeling of being lost. Each corridor, every room is defined by its relation to the green courtyard, with its wadi system feeding a pond. Today the surrounding area is filled with all kinds of commercial buildings.

Let me go further back, to the schools of the seventies. For instance the two school centres of Ellwangen and Neckartenzlingen, both of which were awarded the Hugo-Häring-Prize in 1974, imaginatively used an identical components system by juxtaposing internal and external spaces in ever changing variations. There are no dark zones, corridors are always along courtyards. Again we find easy orientation, much light, a Japanese-style lightness in spite of the use of reinforced concrete. All this in fulfilment of the required design with prefab elements to ensure flexibility and fast construction.

Last example: extension of the flight monitor centre at Bremen, a commission by the German air control agency. Work must be accomplished during full operation. Isn't a flight monitors' space just a dark container? Yet, does it have to be pitch dark in it? The extension consisted of a wrap-around steel frame with continuous profiled glazing and external horizontal blinds. Since then the monitors work in a softly lit space, they know whether it is day or night. At eye level a strip of clear glass with gaps between the blinds allows a view into the distance.

Why is this small project mentioned? The chosen examples may give the impression that in every case the best solution was arrived at while following the client's specifications. However, if those specifications were found to block the best solution, the architects challenged them with a novel design. Case in point: the reinterpretation of optimal illumination levels for the flight monitors, in spite of established convention and against stiff resistance. A similar attitude generated the controversial competition entry for the Leipzig/Halle Airport.

The competition

It was a calculated risk. The entry refuted the masterplan issued as basis for the competition. This eliminated the possibility of a first prize. Could one depend on the complicated procedures of a unanimous three-stage evaluation on the strength of the project's logic? In such a case the jury must unanimously adopt the project for special recommendation, stating that this and no other entry should be executed. Without a single opposition the verdict read: »The jury unanimously recommends to the promoters to adopt the entry awarded the special prize on the basis of its innovative concept, which goes beyond the current planning ideas. Only the disposition of bridging motorway and high-speed railway promises to create Leipzig/Halle Airport of unique character …«

What were the previous planning ideas? Parallel to each other were motorway A14, the proposed high-speed railway Dresden–Leipzig–Halle–Erfurt, to the south the existing 2.5 km long runway and to the north a new 3.5 km runway, then in the planning stage. All these traffic lines went in the east–west direction. Near the southern runway a terminal was under construction (Planners: Obermeyer Albis, Leipzig), next to it the old

Der Wettbewerb

Das Risiko war klar. Mit der eingereichten Arbeit wurde dem für die Ausschreibung gültigen Masterplan widersprochen, ein erster Preis war also ausgeschlossen. Konnte man wirklich auf das komplizierte Verfahren einer einstimmigen Befürwortung in drei Stufen vertrauen, nur weil die Sachlogik es gebot? Ein Preisgericht muß in einem solchen Fall die Arbeit einstimmig ins Verfahren zurückholen, ihr, wiederum einstimmig, einen Sonderpreis zuerkennen und das Votum, dieser und kein anderer Entwurf sei zur Ausführung geeignet, ohne Gegenstimme abgeben. Es lautete in diesem Fall: »Das Preisgericht empfiehlt dem Auslober einstimmig, alle Anstrengungen zu unternehmen, die mit dem Sonderpreis ausgezeichnete Arbeit aufgrund ihrer über die bisherigen Planungsvorstellungen hinausweisenden Konzeption zur Grundlage der weiteren Gesamtplanung des Flughafens Leipzig/Halle zu machen. Nur mit diesem Ansatz steht in Aussicht, daß der Flughafen Leipzig/Halle in seiner künftigen Gesamtgestalt, über die Autobahn und Hochgeschwindigkeitsbahnlinie hinweg, zu einem unverwechselbaren Zeichen wird ...«

Wie aber sahen »die bisherigen Planvorstellungen« aus? Gegeben waren: die Autobahn A 14, parallel dazu die damals noch in Planung befindliche, jetzt fertiggestellte ICE-Strecke Dresden–Leipzig–Halle–Erfurt, weiter im Süden die bereits existierende Start- und Landebahn von 2,5 km Länge und jenseits von Autobahn und Bahnlinie im Norden die damals noch in Planung befindliche, heute primär genutzte 3,5 km lange neue Start- und Landebahn. Alle Verkehrsstränge verlaufen im Prinzip mehr oder weniger parallel in Ost–West-Richtung. Ein Terminal nahe der südlichen Landebahn war gerade im Bau (Planung: Obermeyer Albis, Leipzig), schließlich gab es nebenan noch den alten Tower aus DDR-Zeiten, er beherbergt bis auf weiteres die Flughafenverwaltung. Inzwischen wurde ein neuer Tower nahe der nördlichen Landebahn wurde gebaut.

Der Masterplan sah eine bandartige Bebauung vor, die sich in der Zwischenzone zwischen Bahnlinie und südlicher Landebahn, also wiederum parallel zu den Verkehrssträngen entwickeln sollte. In deren Mitte, direkt vor dem gerade errichteten Terminal B, wies der Plan einen großen Parkplatz aus. Für die Anbindung des Terminals Nord (jenseits der Autobahn) und des ICE-Bahnhofs war eine dünne Doppellinie als »Passage« oder Skywalk eingetragen, die, vom Terminal B abzweigend, den »Verflechtungsbereich« sowie Autobahn und Bahntrasse bis hin zum Terminal Nord überbrücken sollte. Dem Parkhaus, besonders eilig gewünscht, war ein Verflechtungsbereich zugewiesen, jedoch ohne jeglichen Bezug zu den Terminals und dem Bahnhof.

Was ist ein Verflechtungsbereich, der nicht wirklich verflicht? Und wie stellt man dessen »günstige Verknüpfung« mit dem Parkhaus her? Wo würden die Reisenden, die mit der Bahn ankommen, abgefertigt? Welche Wege entstehen, wenn ein Autofahrer irrtümlich im Norden parkt, aber im Süden abfliegt? Ist eine einfache Orientierung nicht die erste Bedingung, die an einen Flughafen zu stellen ist? Wie läßt sich die bandartige Anordnung der Gebäude zu einem architektonischen Zeichen überhöhen?

Der Wettbewerbsentwurf gegen alle Regeln fand folgende Antwort: Ein Brückenbauwerk, bestehend aus einer Kombination von Parkhaus und Mall, wird zwischen die Terminals im Süden und im Norden gespannt, über alle Verkehrsstränge hinweg. Die Westseite der Brücke belegt das sechsgeschossige Parkhaus, auf der Ostseite verläuft die Mall als hochgeständerte gläserne Röhre, mit Läden auf der Innen- und Rollsteigen auf der Außenseite. Zwischen Mall und Parkhaus sind drei Parkhausspindeln eingeschoben. Über Stützenabstand und Spannweiten sagt der Entwurf noch nichts aus, doch es ist klar, daß die Stützweiten sich bestimmen werden aus der Überbrückung von ICE-Trasse und Autobahn und daß auch das geforderte und bisher rudimentär begonnene Band von Dienstleistungsgebäuden in Ost–West-Richtung, das es eines Tages geben und das die Brücke kreuzen wird, unterhalb dieser Brücke Luft braucht. Deshalb wird im Verlauf dieses Bandes der Raum unter der Brücke von Funktionen aller Art freigehalten, damit sich eine grüne Mitte entwickeln kann und die Brücke als solche spürbar bleibt. Der Wettbewerbsentwurf behält vorerst die beiden Abfertigungshallen im Norden und im Süden bei und sieht oberhalb des Bahnhofs einen gesonderten kleinen Check-in-Bereich für die Bahnreisenden vor.

Nach dem Wettbewerb

Ende 1994 wird der Auftrag erteilt. Der Wettbewerbsentwurf trifft auf Grundstücksverhältnisse, die, wie überall im Osten nach der Wiedervereinigung, alles andere als einfach sind. Einige Kernstücke sind bereits von bekannten Projektentwicklern aufgekauft worden. Die Straßenführung muß unter Berücksichtigung des alten und unter Einbeziehung eines neuen Autobahnanschlußpunkts komplett neu geplant werden. Bei der Festlegung des Stützenabstands für das Brückenbau-

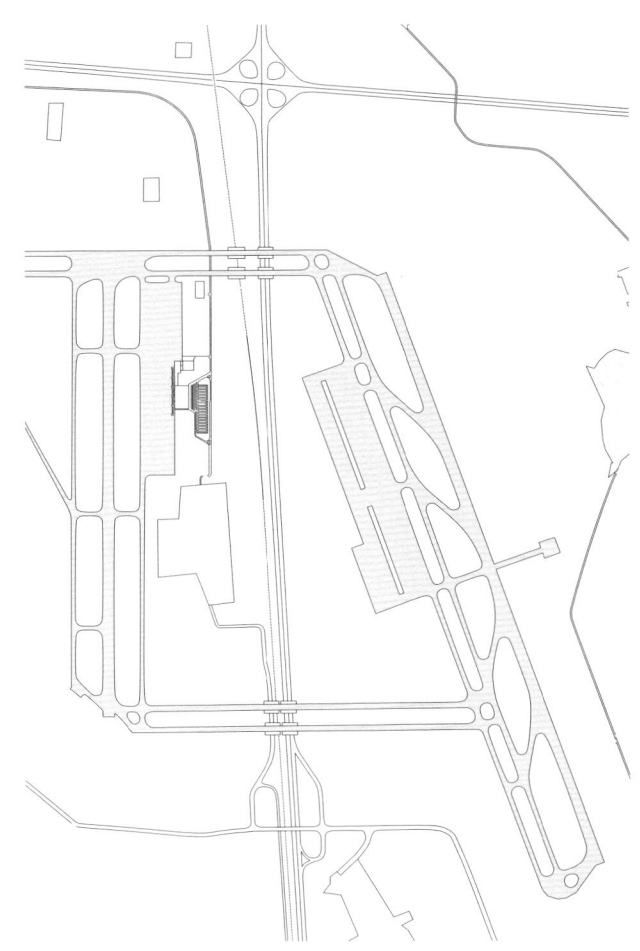

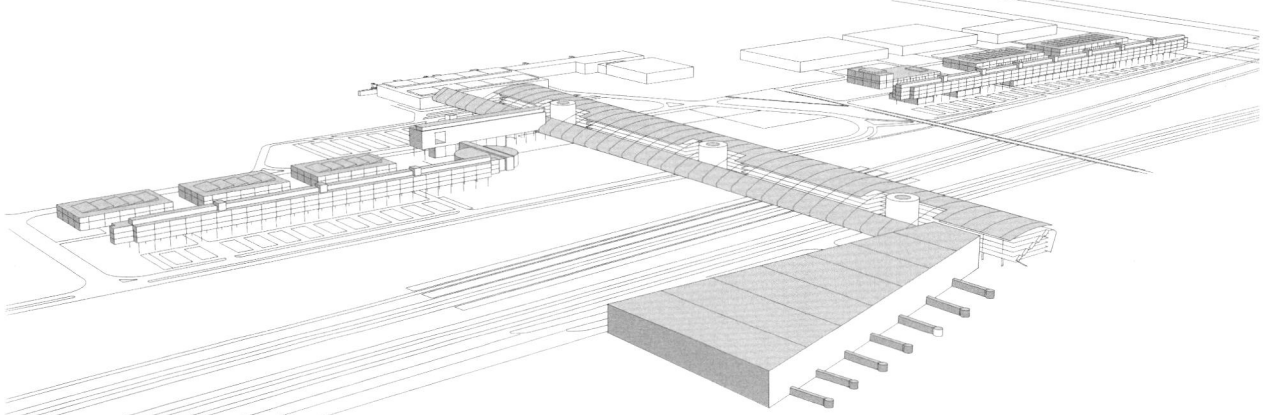

8. Wettbewerbskizze für das Brückenbauwerk des Flughafens Leipzig/Halle, 1994.
9. Gesamtsituation des Flughafens Leipzig/Halle im Jahr 1994: Zwei Start- und Landebahnen beiderseits von Autobahn und ICE-Trasse.
10. Der Masterplan, der dem Wettbewerb zugrunde lag und ein Bebauungsband parallel zu den Verkehrssträngen im südlichen Teil der Anlage vorsah.
11. Der Wettbewerbsbeitrag mit dem Brückenbauwerk, das Autobahn und Bahntrasse überquert.

8. Competition sketch of the bridging structure of the Leipzig/Halle Airport, 1994.
9. Leipzig/Halle Airport, as existing in 1994: runways on either side of the motorway and the high-speed railway.
10. The masterplan, prescribing as basis for the competition new construction to the south of and parallel to the traffic lines.
11. The competition entry with the bridge building crossing the motorway and the rail-tracks.

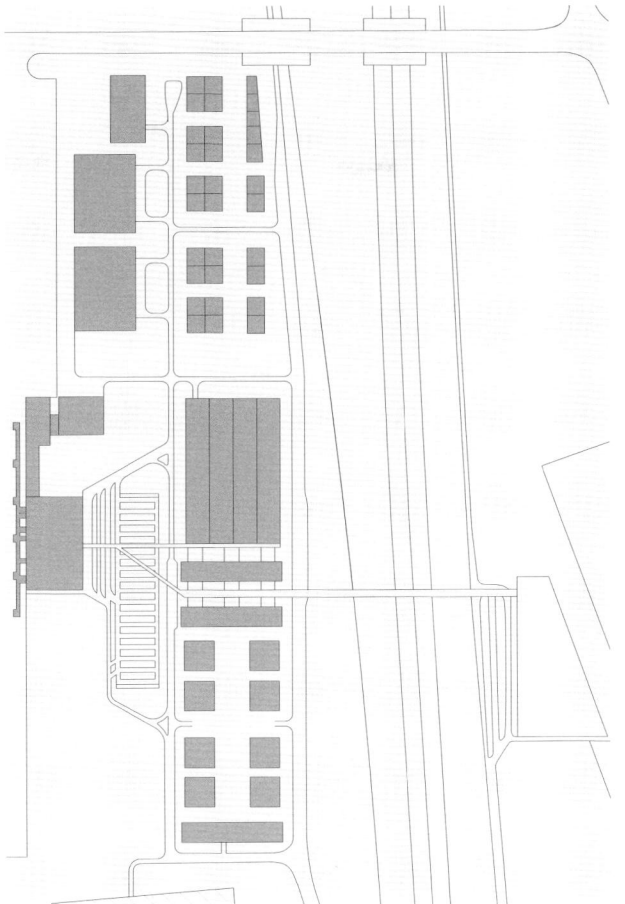
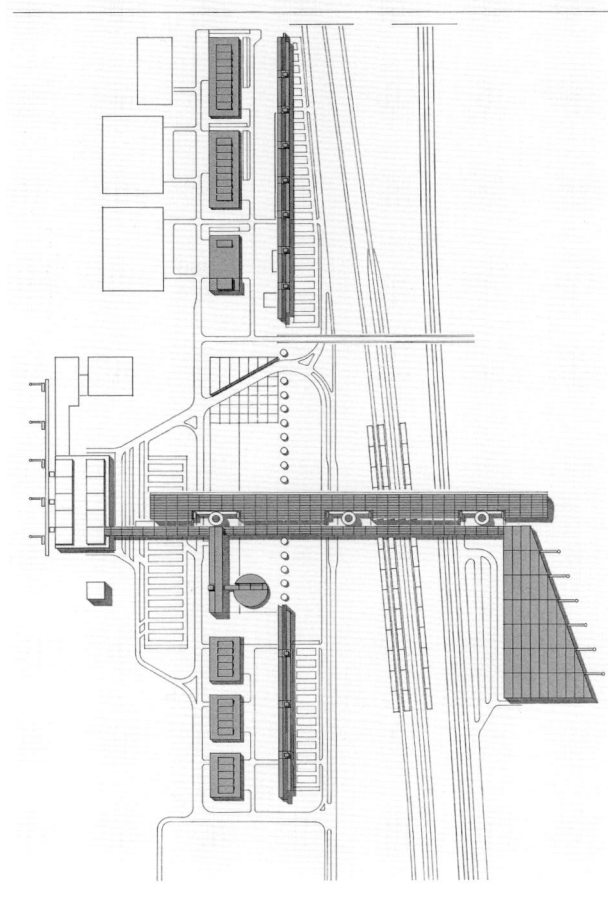

tower of GDR times – housing for the time being the airport administration. In the meanwhile a new tower was built near the northern runway.

The masterplan proposed again a parallel ribbon design between railway and southern runway. In the middle and in front of the south terminal, a large car park was indicated, to be connected with railway and north terminal by a narrow skywalk. A multi-level parking was urgently desired, but no location allocated, while »an appropriate connexion« of distribution zone and multi-level car park was specifically requested.

What is a distribution zone which cannot distribute? How do you then provide an »appropriate connexion«? What if a passenger parks on the north side but departs from the south? Isn't clear orientation the fundamental condition of an airport? How can another ribbon dominate the whole?

The contradictory competition entry proposed the following: A bridge structure containing parking and a mall shall connect all traffic lines between north and south terminals. A six-floor parking occupies the western part of the bridge, the eastern part consists of the mall, a glass tube on stilts with shops on the inside and moving belts on the outside. Three circular car ramps are placed between mall and car park. Structural spacing is not determined in the design entry, as it will be governed by the details of traffic lines to be crossed, including an additional ribbon of service buildings contemplated for the future. The space below the bridge is kept free of any function in order to maintain the desired bridge-feeling. For the time being, the design keeps the two passenger terminals north and south and adds a small check-in facility above the railway station.

After the competition

The commission is signed in 1994. The competition design faces complex property conditions, generally caused by German reunification. Key portions have been bought by developers. Highways must be planned in regard to the existing and an additional proposed motorway interchange. Structural spacing of bridge supports meets a multitude of underground services for water and gas. Usual difficulties are multiplied by a maze of competencies. The area officially designated for the project is not sufficient and additional planning approvals have to be obtained. And time is of the essence, since in 1994 it was believed that rapid growth since unification would continue.

In view of this situation the airport holding under Volkmar Stein took the only correct decision: it appointed the architects as master consultants, thus creating a single contact for the complete works, from traffic planning to architecture and structural design, electro-mechanical equipment to landscaping. For the architects from Stuttgart this meant: 25 years of professional practice are one thing, radar reflection and firefighting in an airport are something else. A team of specialist planners was assembled, including, among others, the Stuttgart design office of Schlaich, Bergermann und Partner. Said Hans-Georg Brunnert in an interview: »Nothing is more exciting than to study again from scratch. Now, after having overcome all difficulties, we could possibly claim to be experts in airport design.«

The design proposal is revised, functions are optimised, a vision is being realised. The far-flung bridge becomes a link, which does not only span rail and mo-

werk stößt man auf eine Fülle von überregionalen unterirdischen Leitungen für Wasser und Gas. Es gibt ein Planfeststellungverfahren für den Bereich südlich der Bahn, ein weiteres für den Bereich nördlich der Bahn, ein drittes für Bahn und ICE-Trasse. Die ganz normalen Schwierigkeiten vervielfachen sich durch die verteilten Zuständigkeiten. Und die Zeit drängt, denn um 1994 glaubte man noch, das Wachstum der vergangenen Jahre würde stetig so weitergehen.

Aus diesen Gegebenheiten zogen die Flughafengesellschaft und ihr verantwortlicher Geschäftsführer Volkmar Stein den einzig richtigen Schluß: Sie beauftragten das Architekturbüro mit der Generalplanung und schufen sich damit einen einzigen Ansprechpartner für die komplette Leistung, von Architektur und Tragwerksplanung, Haustechnik und Bauphysik bis zur Verkehrs- und Grünplanung. Was für das Büro aus Stuttgart hieß: 25 Jahre Berufserfahrung als Architekten sind die eine, Fragen des Brandschutzes oder der Radarreflektion auf einem Flughafen eine ganz andere Sache. Deshalb wurde ein Team von Fachplanern zusammengestellt, dem, unter anderen, das Stuttgarter Ingenieurbüro Schlaich, Bergermann und Partner angehörte. »Nichts ist spannender«, sagt Hans-Georg Brunnert in einem Interview, »als sich noch einmal ganz neu auszubilden. Jetzt, nach überstandenen Schwierigkeiten, könnten wir uns, was den Bau von Flughäfen betrifft, möglicherweise für Experten halten.«

Der Entwurf wird überarbeitet, die Vision konkretisiert, und die Funktionen werden weiter optimiert. Die weitgespannte Brücke entwickelt sich zu einem Verbindungsflügel, der nicht nur Bahn und Autobahn überspannt, sondern, um den ICE-Bahnhof in das Brückenbauwerk einzubinden und den Reisenden möglichst kurze Wege zu bescheren (die Wege zu den beiden, weit auseinander liegenden Terminals sind notwendigerweise lang), nun auch eine zentrale Check-in-Halle aufnimmt, die über den Gleisen schwebt und die Wege nach Norden und Süden quasi halbiert. Wenn die Reisenden, die mit dem Zug ankommen, auf kürzestem Weg ihr Gepäck abgeben und durch die Mall nach links oder (nach Fertigstellung des zweiten Bauabschnitts) nach rechts schlendern können, dann muß dies auch für die anderen Fluggäste möglich sein. Die entwurfliche Konsequenz, die daraus folgte, ist eine unter die Brücke und über die Gleise eingeschobene Vorfahrtsebene. Die im Geländeeinschnitt geführte Bahn und die Unterkante der Brücke lassen dies gerade noch zu. Nun sind alle funktionalen Ebenen zusammengefaßt und übereinander geschaltet, eigentlich genügt ein Aufzug für alle Fluggäste, die mit Bahn, Bus oder Taxi ankommen. Wer sein Auto selbst parkt, hat es ohnehin leicht: Von dem parallel zur Mall angeordneten Parkhaus gibt es in jedem Segment in Sichtweite Übergänge zur Mall.

Aus den Mindestabständen für die Überbrückung von Gleiskörper, Autobahn und anderen Querungen ergab sich ein gleichmäßiges Raster von 65 m für die Lage der Brückenpfeiler. Diese Pfeiler sind in drei Pylone zerlegt, und in jedem der Mall zugewandten Pylon sind Treppenhäuser und Aufzüge angeordnet. Die Orientierung ist ganz einfach: Durch die beidseitig offenen Parkdecks blickt der Besucher auf die Mall, und von der Mall aus sieht der Ankommende durch die obere Verglasung, wo auch immer er sich befindet, das Parkhaus. Die Übergänge vom Parkhaus zur Mall sind breite, unübersehbare Stege, die den Luftraum zwischen Parkhaus und Mall überbrücken. In diesem Zwischenraum liegen die in gelbes Lochblech eingehüllten, voneinander getrennten Auf- und Abfahrtsspindeln. Die wiederum sind an das Erschließungsnetz auf dem Boden so angebunden, daß der Autofahrer theoretisch ohne jede Beschilderung auskommen könnte. Die Strecke zwischen den beiden Start- und Landebahnen im Norden und im Süden bleibt gegebenermaßen lang, aber alle anderen Wege wurden durch den Entwurf so kurz wie möglich gehalten.

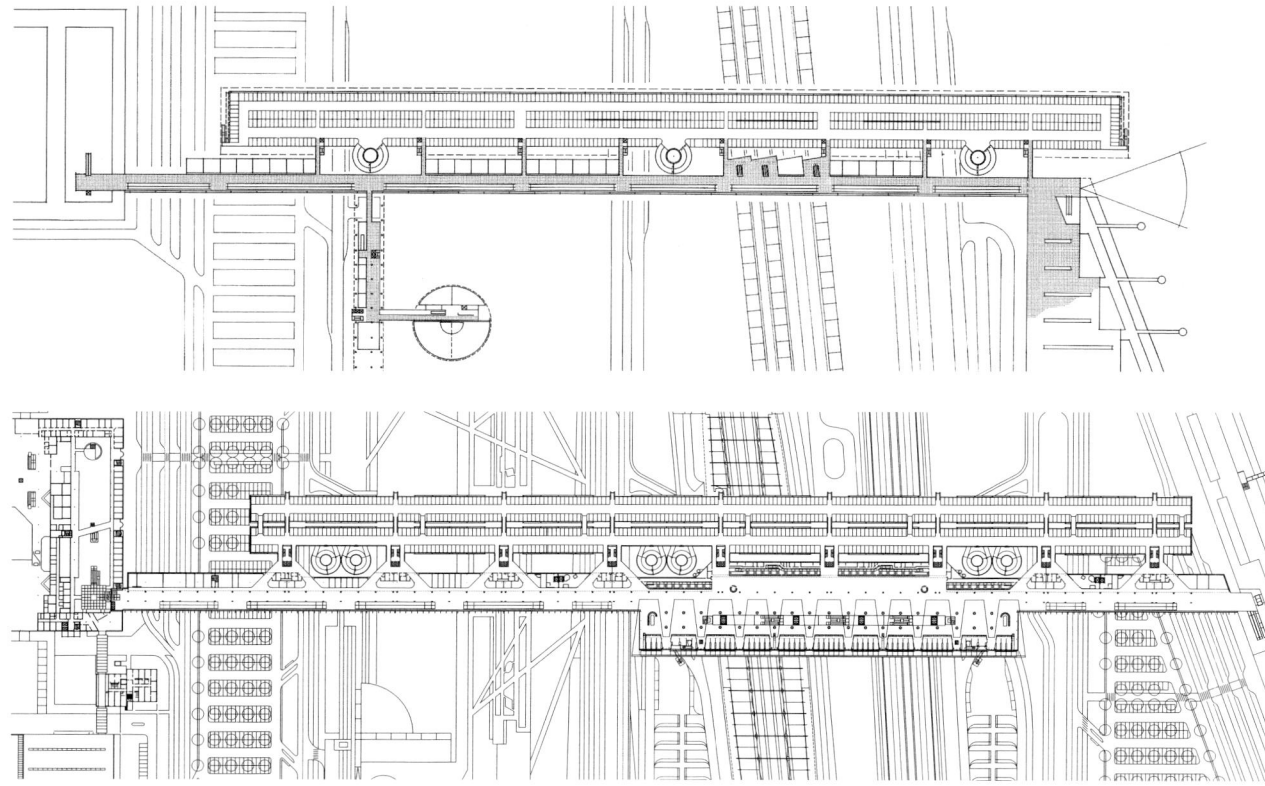

12. Grundriß in der Wettbewerbsarbeit von 1994.
13. Der überarbeitete Grundriß von 1997 mit dem eingebundenen Zentral-Check-In.
14. Der überarbeitete Masterplan von 1998 für die gesamte Anlage (erster und zweiter Bauabschnitt) mit Zentral-Check-In und ICE-Bahnhof.

12. Floor plan in the entry to the competition of 1994.
13. The revised floor plan of 1997 with the integrated central check-in.
14. The revised masterplan of 1998 for the whole complex (first and second phase) with central check-in and ICE (high speed) railway station.

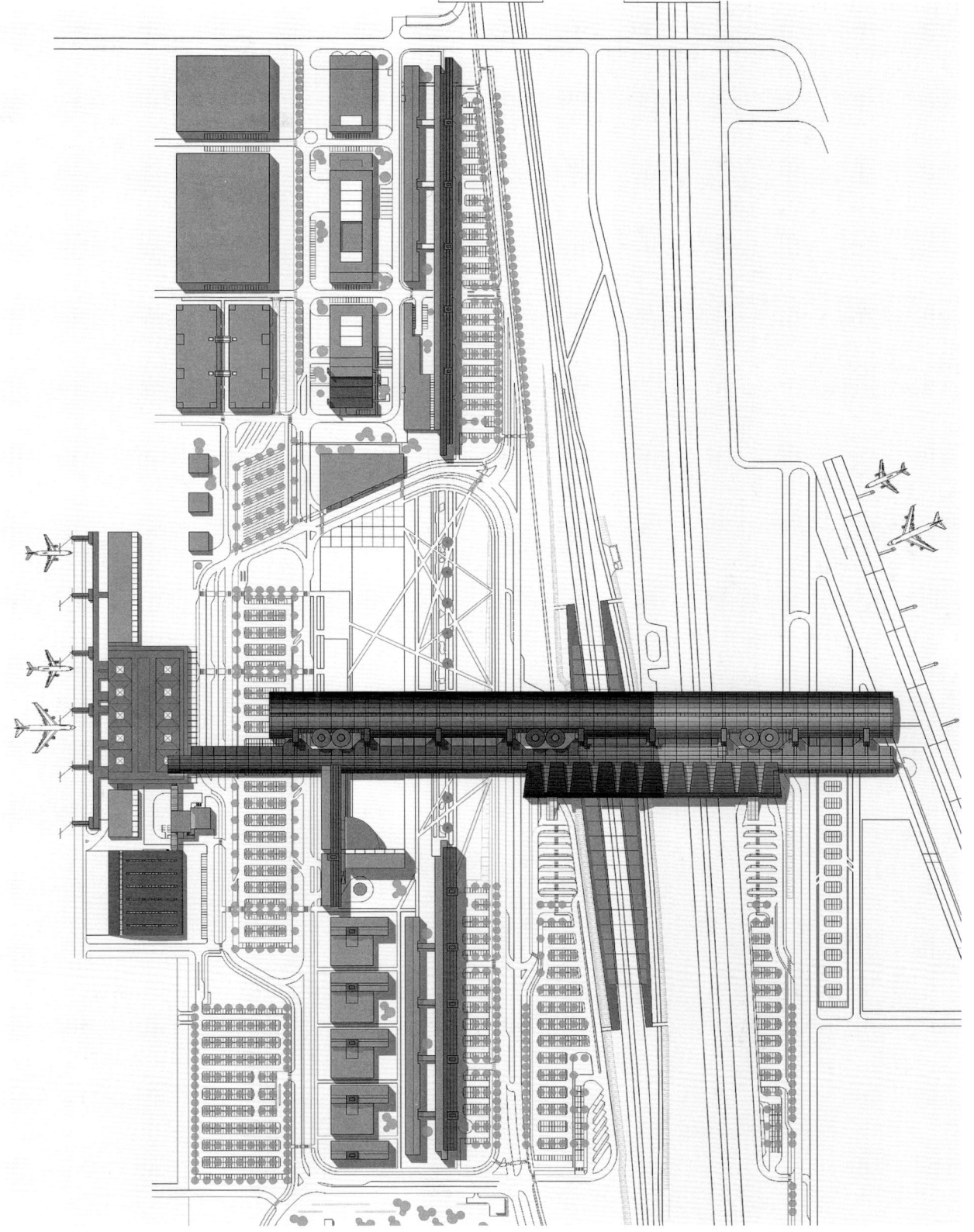

torway, but includes a high-speed railway station as well as a central check-in hall above the tracks, cutting distances to the existing terminals into half. If travellers arriving by rail check in their luggage and leisurely proceed to either terminal, the same convenience should be available to passengers coming by car. In consequence we need an access level above the railway and below the bridge. The depressed rail tracks and the bottom of the bridge barely allow this. Now, all functional parts are tied together or placed on top of each other. Actually, one lift will serve all passengers arriving by rail or taxi. If you want to park your car it is easy: the parking levels running parallel to the mall provide at any point clearly visible connexions to the concourse.

The position of principal supports has been decided: they shall be 65 m apart, a dimension derived from the span needed to cross rail and motorways. Each support consists of three pylons, the one attached to the mall contains lifts and stairs. It is easy to find your way: from the parking decks the visitor sees the mall and vice versa. Wide, suspended walkways connect the

Das Parkhaus und die Mall

An dem Parkhaus hängt alles, und das Parkhaus selbst hängt wiederum an den mächtigen, in einem Abstand von 65 m stehenden Pylonen aus Stahlbeton. Insgesamt wird es neun dieser jeweils in Treppenhauskern, Mittelpylon und Westpylon geteilten Pylone geben, bisher sind sechs davon gebaut (die Achsen A bis F). Das Haupttragsystem des sechsgeschossigen Parkhauses besteht je Segment aus vier Fachwerkträgern mit einer Höhe von 17 m und einer Länge von 62,5 m, das heißt, jeweils zwei parallele Parkdecks sind zwischen je zwei Fachwerkträger gehängt. Alle vier Fachwerkträger haben die gleichen Dimensionen und lassen in der Mitte einen 3 m tiefen Schlitz offen, in den von oben Licht einfällt. Auf jeder Ebene befinden sich also nur eine Fahrspur und zwei sie begleitende Parkplatzreihen, und so gibt es für den Autofahrer auch keine Möglichkeit, sich zu vertun. Die Seitenwände blieben offen und werden mit Spannseilen gesichert, nur an der Westfassade gibt es zusätzlich auf Abstand gesetzte Lamellen als Windschutz. Ein Stahlprofil über dem Längsträger dient als Anprallschutz.

Zuerst wurden die Pylone aus Ortbeton gegossen und parallel dazu die im Werk vorgefertigten Einzelelemente der Fachwerkträger mit einem Pfostenabstand von 10.45 m am Ort verschweißt, um dann mit zwei Kränen in die exakt kalibrierten Rollenlager eingehängt zu werden. Auf jedem Lager lasten etwa 1200 t.

Die 16 x 62,5 m messenden Geschoßdecken bestehen aus Längsträgern, Verbundquerträgern und Betonfertigteilplatten. Die Querträger wurden leicht überhöht, um der Verformung durch Eigengewicht vorzubeugen, Gewicht zu sparen und ein Entwässerungsgefälle nach außen zu gewährleisten. Auch die Geschoßdecken wurden komplett am Boden zusammengesetzt und vergossen (sie müssen als Scheiben enorme Horizontalkräfte aufnehmen können), dann an Stahllitzen hochgezogen und rechnergesteuert in ihre Position gebracht, eine Prozedur, die je Decke rund acht Stunden dauerte. Und als ob es der zu lösenden Probleme nicht genug seien, entschieden sich die Architekten, die sechs Parkierungsebenen in Längsrichtung an den Kopfseiten noch um rund 20 m über die Pylone hinaus auskragen zu lassen. Dafür mußten zusätzlich ungeheure Kräfte rückverhängt werden, da ein Kern allein sie nicht aufnehmen kann. Dem Parkhaus wird einiges an Horizontalkräften zugemutet. Im Schnitt sieht man die angreifenden Kranträger der Mall, deren Kräfte in zwei der Deckenscheiben eingeleitet werden. Die Hauptträger des Daches legen sich über die senkrechten Pfosten des Fachwerks. Zwischen die in einem Abstand von 5,30 m angeordneten Nebenträger sind die Trapezbleche der Dachhaut quer gespannt. Diagonale Verbandstäbe erbringen auch hier eine Scheibenwirkung.

Der konstruktive Exkurs schien nötig, um erklären zu können, was die Mall überhaupt in der Balance hält. Denn sie steht wie ein Storch auf einem Bein, das heißt, sie steht auf einer einzigen Stützenreihe und lehnt sich oben an das Parkhaus an. Es war eine rein konzeptionelle Entscheidung, sie so wenig wie möglich den Boden berühren zu lassen, denn was soll ein Brückenbauwerk mit einem Wald von Stützen unter sich? Für den Verbund der Stützenreihe in Längsrichtung sorgt ein durchlaufender Hohlkastenträger unterhalb des Mallbodens, der auch die Torsion in Querrichtung aufnehmen kann. In dieser Betonröhre laufen die Förderbänder für das Gepäck. Das Tragelement Hohlkasten ist, wie vieles andere, ein Detail aus dem Brückenbau. Welche Kräfte nun in den vielen Fachwerkverstrebungen geistern, die die Mall halten, aber auch ihr Gesicht prägen, wie sie angreifen, übertragen werden, sich als Zugkräfte äu-

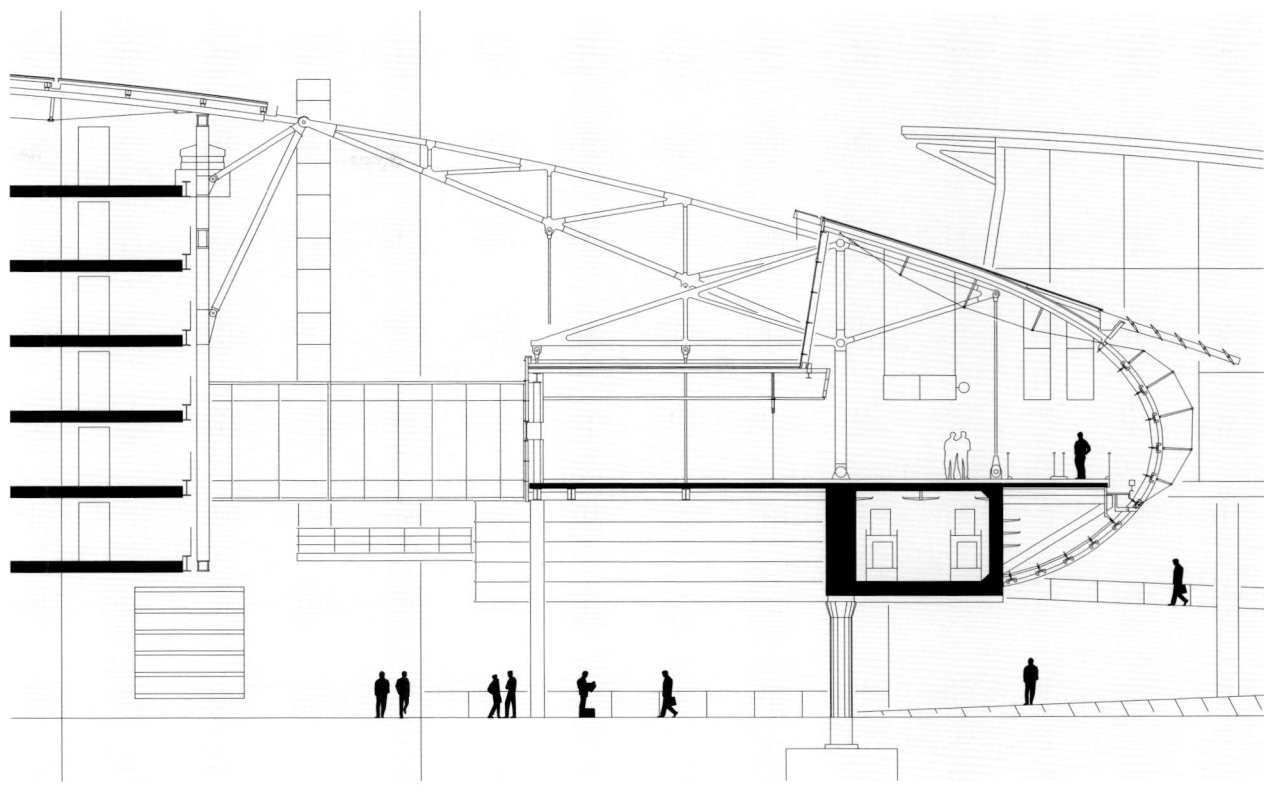

parking structure with the mall. In the space between are three pairs of spiral ramps for up-and-down traffic; they have been wrapped in perforated yellow sheet metal. The ramps are so conveniently placed that drivers could do without any signs. Nothing can be done about the great distance between north and south terminals, but all other paths were kept as short as possible.

The car park and the mall

Everything is attached to the parking structure, which in turn is suspended from huge reinforced concrete pylons, placed every 65 m. There are nine such braced triple-pier supports, consisting each of an eastern staircase core, a central pier and a western pier. So far six have been built (axis A to F). The principal structure of the six-storey car park consists per unit of four 17 m high trusses spanning the 62.5 m between pylons. That means, two parallel parking decks are carried by two trusses each. Between them is a 3 m wide gap with a skylight for central illumination. Per level we have two double-loaded parking lanes, connected by car cross-overs at the ends and by the pylons with pedestrian bridges. There is no way to get lost. The open sides are guarded by steel cables with an additional steel section as bumper, the west side has external windbreakers.

To begin with, the concrete pylons were cast in-situ. At the same time the shop-prepared parts of the truss (vertical members every 10.45 m) were bolted or welded together, to be lifted with two cranes upon perfectly adjusted roller bearings. Each support carries about 1200 tons.

Each 16 by 62.5 m deck consists of girders, cross-beams and prefab concrete slabs. The cross-beams were cambered to absorb deflection and to allow for drainage. Each deck was prepared on the ground and grouted to act as a rigid horizontal brace. Using the computer aided lift-slab method each deck was pulled up by means of steel cables and fixed in place – a procedure taking 8 hours per deck. And as though there were not enough problems, the architects decided to enhance the bridge character by extending the six parking decks 20 m beyond the end pylons. This produced additional forces which could not be accommodated by the end pylons but had to be tied to the structure behind.

The car park is subjected to considerable horizontal loads. The section shows how the roof truss of the mall is being linked to the car park, two bracing bars transmitting horizontal forces to the parking decks. The wire-stiffened girders of the car-park roof rest on the vertical members of the truss, joists at 5.30 m centres with diagonal bracing carry trapezoidal metal roofing panels.

This digression into statics seemed necessary to explain what actually carries the mall. Like a stork it seems to stand on one leg, or rather on a single row of legs, leaning with its back against the car park. This was part of the desire to have as few supports as possible, since a maze of posts under a bridge wouldn't make sense. A longitudinal concrete box girder below the floor of the mall connects the supports and absorbs any torsional forces. The luggage conveyor belts run through it. This hollow box element is a typical bridge detail, as are many others. How all those structural parts of the mall act together, how they determine the formal design, what stresses they endure under additional wind loads, how all these forces are transmitted to the parking decks – this is beyond the scope of this description.

I prefer to talk about what I can see. I can see that the leading idea of the design has been preserved through all phases of construction. Actually, I notice two ideas: a tectonic one, given in the concept of the bridge, and an architectural one, related to the world

15, 16. Das Parkhaus im Bau. Die Pylone wurden mit einer Kletterschalung errichtet, die Geschoßdecken am Boden vorgefertigt und danach in die Fachwerkträger eingehängt.
17. Schnitt durch die Mall. Die gekurvte Linie des Parkhausdaches geht bruchlos in die Hüllkurve der Mall über.

15, 16. The car park under construction. The pylons were erected with a slip-form construction. The floor slabs were prefabricated on the ground and then attached to the steel trusses.
17. Section through the mall. The curved outline of the car-park roof runs over into the contour of the mall without any break.

ßern, dem Wind standhalten und am Ende in die Deckenplatten des Parkhauses eingeleitet werden: das geht über das hinaus, was an dieser Stelle zur Sprache gebracht werden kann.

So halte ich mich lieber an das, was ich sehen kann. Sehen kann ich, daß der Leitgedanke des Entwurfs durch alle Verwirklichungsphasen hindurch erhalten blieb. Eigentlich scheinen es mir zwei Leitgedanken zu sein: einmal das strukturierende, das in dem Konzept der Brücke steckt, zum anderen das architektonische Erscheinungsbild, das an die Welt der Flugzeuge erinnert. Wie das Parkhaus ist auch die Mall mit Trapezblech überdacht, das dann, auf der Ostseite, in Glas übergeht. »Wie gerne«, sagen die Architekten, »hätten wir die Trapezbleche mit einer glänzenden zweiten Haut überzogen, damit sie sich noch besser mit den Glasflächen vermählen, aber der Kostenrahmen war knapp, und innerhalb dieses Rahmens sind wir in jeder Bauphase geblieben« Auch in der Check-in-Halle werden die Motive aus dem Flugzeugbau noch einmal aufgenommen. Das in breiten Streifen abwechselnd durchgehende und abgesenkte Dach assoziiert das Bild von Landeklappen, die sich aus dem Flugzeugflügel heraussenken.

Was ich außerdem sehen kann: Die Verbindung zwischen Parkhaus und Mall ist anders als alle Wege, die ich sonst aus Parkhäusern kenne. Ich habe in einem beidseitig belichteten Raum geparkt, komme in ein geräumiges Treppenhaus mit zwei voneinander getrennten Läufen, brauche niemandem auszuweichen, der nach unten geht, während ich nach oben steige, und finde mich wieder auf einem der Stege, die entlang der Zwischenzone zwischen Parkhaus und Mall raumhoch verglast sind. Ich weiß genau, wo ich mein Auto gelassen habe, und ich komme in eine Mall, die mir den Weg vorgibt.

Selbst wenn er nicht alle Details wahrnimmt, spürt der Besucher, die Mall entlanggehend, daß er sich auf einer Brücke befindet. Nicht, daß irgendwas schwingt oder vibriert, das durfte nicht sein, und viele Überlegungen (und schlaflose Nächte) der Architekten galten diesem Problem. Doch die Details, die dem Besucher auf seinem Weg begegnen, allein schon die Dimensionen der Laschen und Bolzen, die das Zugseil auf der Seite des Laufstegs einspannen oder das schwere Gelenk auf der Seite der Läden, das sind Brückendetails ohne Frage und auch für den Laien als solche erkennbar. Der Anschluß an das feststehende Terminal B am Ende der Mall ist beweglich ausgebildet, und auch die Vorfahrt mußte von dem Brückenbauwerk, das darüber liegt, getrennt ausgebildet werden. Ebenso war zwischen der Halle für den Zentral-Check-In und der Vorfahrtsbrücke keine feste Verbindung erlaubt, denn die Schwingungen, die die Fahrzeugbewegungen auf der Vorfahrt auslösen, dürfen sich nicht auf die Stahlkonstruktion übertragen. Ebenso durfte auch der gläserne Fahrstuhl zwischen Bahnsteig und Abfertigungshalle, der auf dem Bahnsteig aufsitzt, notwendigerweise weder mit der Vorfahrtsebene noch mit der Halle fest verbunden sein. Überall, ob bei den Einbaudetails für die Läden oder bei den oben in die Abfertigungshalle eingehängten Büros, spielt die Bewegung der Brücke mit.

»Viele der Details mußten ganz neu entwickelt werden. Vielleicht sind sie nicht so raffiniert oder verfeinert wie anderswo, weil überall das Problem der Bewegung dahinter stand«, sagen die Architekten. »Immer wieder mußte irgendetwas ausgesteift oder abgesichert werden, an jeder Stelle verlangte das Brückenbauwerk, das ja sowohl Brücke als auch Gebäude ist, sein Recht. Mit der damit verbundenen Ausbauproblematik hatten selbst die Ingenieure von Schlaich, Bergermann und Partner, obwohl sie meisterhafte Brückenkonstrukteure sind, noch keine Erfahrung«. Viele Zulassungen im Einzelfall für bauliche Details und Sonderlösungen waren notwendig, viele Verhandlungen mußten mit vielen Partnern geführt werden, und es bedurfte einer gewissen Hartnäckigkeit, um an dem Konzept bis zu Ende festzuhalten.

ZCI = Zentral-Check-In

Die Entscheidung, eine zentrale Abfertigungshalle oberhalb des Bahnhofs vorzusehen, fiel, wie schon erwähnt, erst nach dem Wettbewerb. Dadurch dienen der bestehende Südterminal und der zukünftige Nordterminal nur noch ankommenden Flügen und zum Boarding beim Abflug, während das Check-in für alle Abflüge im Zentralgebäude abgewickelt wird. Die Sicherheitskontrolle gibt es vor dem Boarding in den Termials. Bisher ist eine Hälfte des ZCI gebaut und in Funktion, die andere Hälfte, Richtung Norden, wird Teil des zweiten Bauabschnitts sein. Im Prinzip ist die Abfertigungshalle eine Erweiterung der Mall, ist also Teil des längsgerichteten Baukörpers. Gleichzeitig aber funktioniert sie in Querrichtung, weil sie von Nutzungen auf beiden Seiten begleitet wird – hier Abfertigungsschalter, dort Ticketschalter und die Büros der Fluglinien. Auch die Schlangen der Fluggäste vor den Schaltern stehen quer zur Längsachse.

18. Grundrißdetail des Übergangs von der Mall zum Zentral-Check-In. Zwischen den Parkhaussegmenten gibt es jedesmal einen Verbindungssteg zur Mall.
19. Modellstudie der Mallkonstruktion. Die Mall steht auf einer einzigen Stützenreihe und wird durch die Anbindung der Kranträger an das Parkhaus ausbalanciert.
20. Die Komponenten des Brückenbauwerks.

18. Detailed floor plan of the transition between mall and central check-in. Each car-park section has a pedestrian connection to the mall.
19. Study model of the mall structure. The mall rests on a single line of supports. Cantilever trusses tie it to the carpark for stabilization.
20. The components of the bridge building.

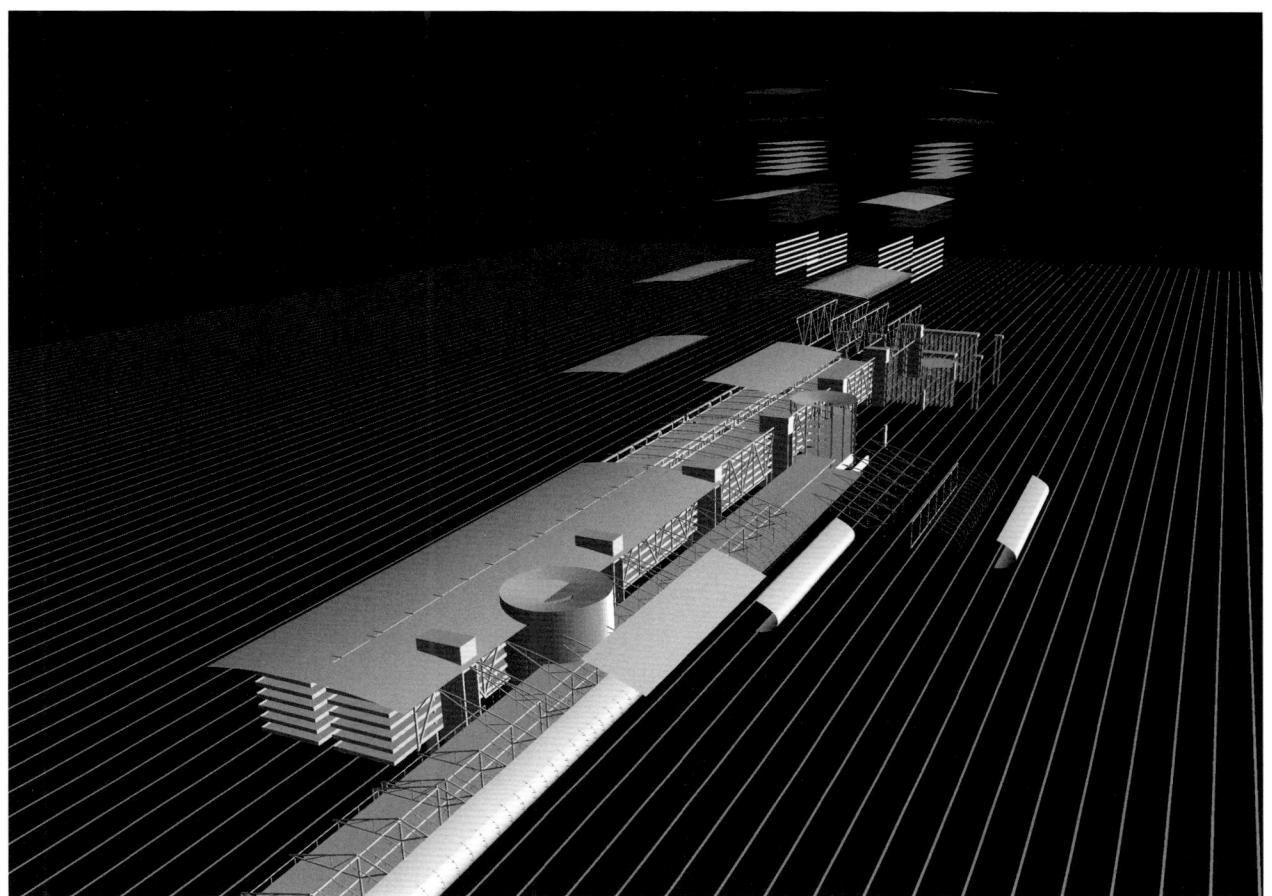

of flying, maybe the image of an aeroplane's wing. That is why the shape of the mall combines with the roof of the car park to resemble a giant aeroplane wing. Parking and mall are roofed with trapezoidal metal panels, which change into glass on the face of the mall. Says the architect: »How would I have liked to add a glittering skin to these panels, to marry them with the glazed parts. But the budget was tight and we respected it in every phase of the works.«

Furthermore I can see: the connexion between carpark and mall is not like those I know from other multi-level parkings. Having parked in a space with light from both sides, I enter a generous staircase with separate runs up or down. I don't need to dodge anybody coming down while I climb up; I emerge on one of the fully glazed walkways between parking and mall. I know exactly where I left my car and the mall tells me where to go.

Even when not noticing all the details, the visitor walking along the mall, feels the presence of the bridge. Not that there is vibration or swinging, that would be inadmissible and many considerations (or better sleepless nights) of the architects were confronting this problem. But the details meeting the visitor along the way, the immense dimensions of tongue-and-bolt anchors holding the cables which carry the walkway, or the massive joints at the sides of the shops – without question these are bridge details understood by anybody. There is a flexible joint between the mall and the south terminal, also access ramp and the whole drop-off/pick-up level are detached from the bridge above. The central check-in block is a bridge within the bridge, as it has separate foundations, isolated from the vibrations created by the arriving vehicles. No movement must be transmitted to the steel structure. The glass-elevator from train platform to departure hall must also be detached from everything else. Everywhere, whether in the installation details of shops or the suspension of the offices in the departure hall, the movements of the bridge had to be respected.

»Many details are new or different, maybe not as refined as we would like, since we had to face the problem of movement«, tell us the architects. »Again and again something had to be stabilised or stiffened, everywhere the structure, being both bridge and building, imposed its rules. It was a new experience even for Schlaich, Bergermann und Partner, our engineers specialised in bridge construction.« How many approvals had to be obtained for miscellaneous details, how many discussions were needed with a host of partners, how much pertinacity it took to hold on to the basic concept.

Central check-in

The decision to add a central departure hall above the railway station was taken after the competition. Consequently, the existing north and south terminals serve all arriving flights and only for security checks and boarding of departing passengers, while the check-in for all departures is handled on the bridge. As of now, half of the hall has been built and is in operation. The other half towards the north shall be part of the second construction phase. As such, the departure hall is an extension of the mall, it is part of the longitudinal volume, but it functions across, being hemmed in by check-in counters, ticketing and airline offices. Also the queues of passengers run across the principal axis.

Die durch Mall und Parkhaus vorgegebene Anspielung auf einen Tragflügel wird hier variiert. Das Dach hebt und senkt sich zwischen den quer verlaufenden Fachwerkträgern. Wie ausgefahrene Landeklappen könnte und soll man denken, aber es geht wie immer nicht nur um die Form. Die senkrechten Flächen zwischen den Dachsegmenten sind verglast und bringen Licht von oben in die tiefe Halle. Vielleicht wäre damit für die Belichtung schon ausreichend gesorgt, aber der Ehrgeiz der Architekten ging dahin, den Besuchern, wo auch immer sie sich befinden, den Blick nach draußen offen zu halten. Deshalb sind die Büros für die Fluglinien oben in die Brückenkonstruktion als zur Halle hin verglaste Kapseln eingehängt, und zwischen die Ticketschalter (jetzt noch provisorisch von Reisebüros genutzt) wurden immer wieder Sitzinseln eingeschoben, in denen man sich außerhalb des Weges aufhalten kann und den Bezug nach draußen behält.

Wie aber sieht die tagsüber natürlich belichtete Halle am Abend aus? In der Mall wird die Decke über die gesamte Länge mit Strahlern erhellt, während für die eingeschobenen Läden Punktlichter gewählt wurden. Für die Beleuchtung der Abfertigungshalle hat man sich etwas Besonderes einfallen lassen. Während die Mall natürlich belüftet wird – lediglich durch eine gering dimensionierte Lüftungsanlage unterstützt (wobei die Luft am Fuß der Ostfassade eintritt und oberhalb der Läden wieder abgeführt wird) –, mußte die Abfertigungshalle klimatisiert werden. Um Licht und Zuluft zu bündeln, hat man ein Objekt der besonderen Art entwickelt, eine Säule mit zylindrischem Schaft und aufgesetztem Kegel, die Licht an die Decke wirft, aus Düsen Zuluft speit und in ihrem hinterleuchteten Glasmantel Platz für Werbung bietet. Eine Doppelreihe solcher Säulen zieht sich durch die Halle und flankiert die nach unten führende eingeschnittene breite Treppe. Die Abluft verschwindet oben hinter den Deckensegmenten.

Auf den Boden hätten die Architekten am liebsten ein Schiffsdeck aus Hartholz gelegt, die ganze Mall entlang und bis in die Abfertigungshalle hinein. Der Brandschutz widersprach. Als Alternative wurde ein schieferähnlicher, spaltbarer Stein aus Norwegen gefunden, Alta Quarzit, in großen Formaten und in einem hellen Graugrün. Mit Farben ist man in den Innenräumen ohnehin sparsam umgegangen, es dominieren Grautöne und Silber. Die Farben, die bringen die Menschen, sagen die Architekten, aber auch die vielen verglasten Wände, würde ich hinzufügen. Hinter denen erscheint der Vorplatz, zur Zeit teils grün, teils wüstenfarben. Die Schalter in der Abfertigungshalle sind mit grün getönten Glasscheiben bebändert. Aber sie fallen nicht nur deshalb auf. Inmitten dieses Brückenbauwerks, das seine kraftstrotzenden Details nirgends versteckt, erinnern sie da mit ihren feinen Profilen an das Möbeldesign der klassischen Moderne. Ich wenigstens habe noch nie vor schöneren Schaltern gestanden.

Nachdem der Fluggast sein Gepäck abgegeben hat, verschwindet es in der Tiefe und legt auf Förderbändern in dem Hohlkörper unterhalb der Mall den ganzen Weg bis zum südlichen Terminal zurück. Dort knickt die Röhre ab, durchstößt den Plattenbau des ehemaligen Towers und mündet in einer eigenständigen Gepäckhalle. Auch die gehörte zum Auftrag. Die Gepäckhalle, 50 x 80 m groß, ist zweigeschossig, oben wird das Gepäck durchleuchtet und sortiert, im Erdgeschoß liegen die Gepäckrundläufe. Die Halle mit dem gebogenen Dach, dessen Neigung die Seitenwände bis zum Boden weiterführen, ist rundum mit Blechlamellen geschlossen, nur auf der Westseite wurde ein gläserner Quader für die Steuerzentrale in die sonst undurchdringliche Haut eingeschnitten. Mit einer ausladenden Gegenbewegung öffnet sich zum Vorfeld hin ein weit auskragendes Vordach.

Der ICE-Bahnhof

Wie baut man eine Bahnhofshalle mit zwei Durchfahrtsgleisen in der Mitte, auf denen jeder zweite Zug mit hoher Geschwindigkeit durchrast und dabei enorme Druck- und Sogwellen erzeugt? Das ursprüngliche Konzept sah entweder eine Röhre in der Mitte oder, alternativ, zwei Röhren an der Seite vor. Das wurde vom Auftraggeber jedoch verworfen.

Wie aber sollte ein Bahnhof aussehen, der formal seine eigene Sprache spricht? Die Antwort lag in einer Reihe stählerner Korbbögen, die sich, in einem Abstand von 14 m gesetzt, von Bahnsteig zu Bahnsteig spannen und mit den eingehängten, lichten Membranen, die das Dach in der Mitte offen lassen, ein Gefühl von Räumlichkeit erzeugen. Die Dachmembranen aus teflonbeschichtetem Gewebe resultierten einerseits aus der Überlegung, dem Bahnhof ein eigenes, vom Flughafengebäude unabhängiges Erscheinungsbild zukommen zu lassen, auch eine andere Materialität, sie sind andererseits einmal mehr eine Antwort auf die Gegebenheiten, denn im Grundriß verschwenkt der Bahnhof, bildet eine Bananenform, und muß, wegen der Notwendigkeit, einen freien Blick auf die Signale zu haben, nach Osten und nach Westen immer höher werden. Das bedeutet: Kein Feld gleicht dem anderen ganz. Ein einfaches Stahlseil, das in der Mitte der Membranfelder ansetzt, zieht diese auf den Seiten tief nach unten und sammelt das Regenwasser, das über fächerförmige Behälter abgeführt wird. Da die Dachmembranen ein Novum sind für einen Bahnhof

21. Abwicklung der Westwand der Halle für den Zentral-Check-In mit den Check-in-Countern.
22. Modellstudie des Zentral-Check-In mit der eingeschobenen Vorfahrt, dem Abgang zum Bahnsteig und dem Aufgang zur Halle.
23. Modellstudie für den Übergang zwischen der Mall und dem Zentral-Check-In.

21. Interior elevation of the central check-in hall with the check-in counters.
22. Model study of the central check-in with drop-off/pick-up level and descent to train platform and the ascent to the hall.
23. Model study of the transition between the mall and the central check-in.

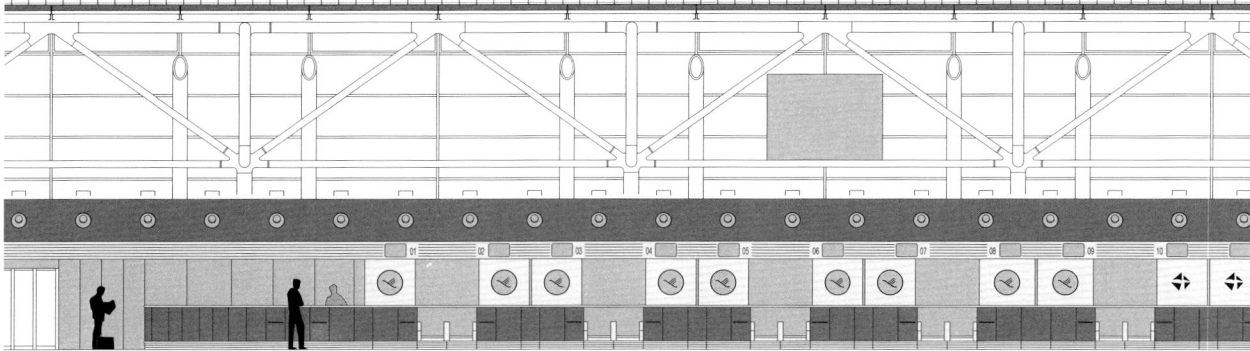

The quotation of the airplane wing in mall and carpark is picked up by an inclined portion of the roof, raised up above a clerestorey. The whole roof undulates between the transverse trusses, like extended landing flaps, but it is not only a question of form. The clerestory ribbons bring light deep into the hall, satisfying all illumination requirements. In addition, the architects endeavoured to give the people, wherever they are, a glimpse of the outside. That is why the airline offices are treated as capsules suspended from the bridge structure. And between the ticketing counters (temporarily used by travel offices) are interspersed lounging islands, out of circulation and with big windows.

However, what does the hall filled with daylight look like at night? The mall's ceiling is flood-lit all along from in and outside, while the low shops have spotlights. The check-in hall, being a special case, had to have a particular solution. There was another problem to be tackled: while the mall is not climatised but simply has an air supply below the façade, creating an air curtain sucked up by ducting above the shops, the departure hall received air conditioning and floor heating. Air conditioning outlets and illumination were combined in two rows of free standing pillars. Each pillar being wrapped in back-lit glass, providing space for advertisements, throws air through wide muzzles into the space below and floods the ceiling with light. Return air departs through the staggered ceiling.

The architects would have loved to treat the floors like a ship's deck with hard wood planking throughout. Fire safety objected. As affordable alternative they found alta quartzite, a light-grey-green, slate-like, cleavable stone, coming in large slabs from Norway. Interiors have few colours, grey and silver hues are dominating. The architects say, colours come from people; I would add: also through the many glass walls opening to the green or sand-coloured exterior. The check-in counters in the departure hall have bands of green glass. But above all they are distinguished within this bridge structure with its muscular details by there delicate design in the classical modern furniture tradition. As far as I am concerned, I never waited in front of more beautiful counters.

Once the passenger checked in his luggage, it drops down onto the conveyor belts inside the box girder below the mall, carrying it to the south terminal. There the tube changes direction, crosses the wall of the former tower and terminates in the new luggage hall, which was part of the project. This hall has two floors of 50 by 80 m each. On the upper level the luggage is being scanned and sorted, on the ground floor are the conveyor carousels. The building has a curved roof, the curvature of which is continued by the extended side walls, which are faced with metal lamellas. This continuous skin is interrupted on the west side by a glazed prism, housing the control centre. In a counter-movement the far projecting canopy opens to the apron.

High-speed railway station

How do you design a railway station with two high-speed tracks in the centre and trains racing through, which generate enormous pressure and suction waves? Originally, one tube in the middle or two tubes on the sides were considered. The rail people rejected that.

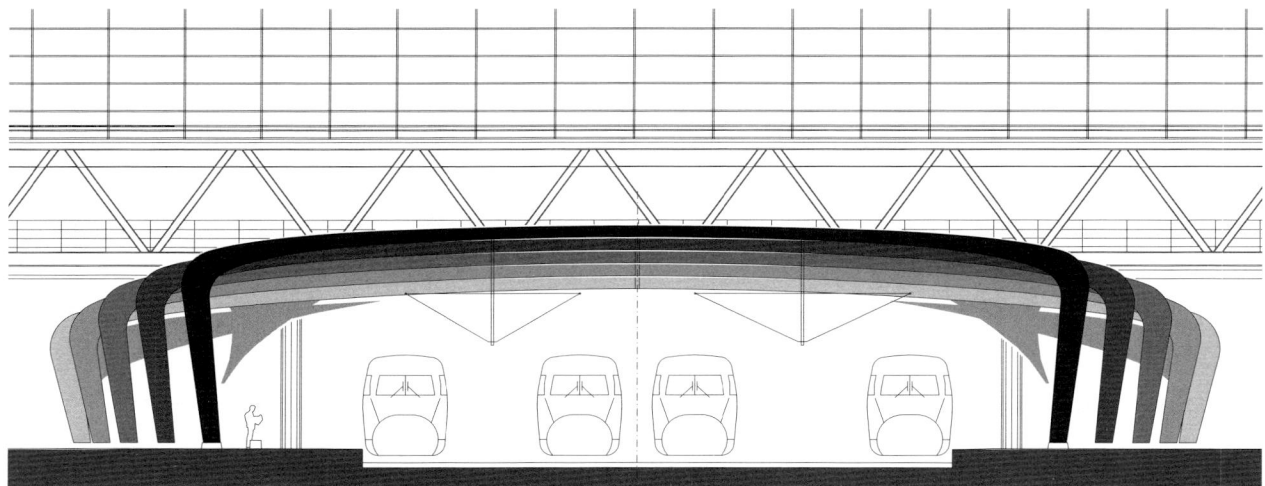

in Deutschland, mußten auch hier wieder einmal die Zweifler überzeugt werden.

Die korbbogenförmigen Stahlträger sind in Längsrichtung mit Pfetten aus Rundrohren untereinander verbunden. Damit werden die Bögen ausgesteift, zugleich wird der Rückleitungsfunktion Genüge getan, das heißt, die Pfetten schützen das Gebäude oberhalb der Bahn vor elektromagnetischen Spannungsfeldern. An den Korbbögen läßt sich alles befestigen und wird auch alles befestigt: Oberleitung, Signale, Zug-Anzeiger, Beleuchtung, Lautsprecher.

Mit der Tieflage der bereits zuvor geplanten ICE-Trasse hatte man Glück: Bei Ausnutzung aller Dispensmöglichkeiten paßte der Bahnhof, paßte die Vorfahrtsebene gerade noch unter das Brückenbauwerk. Die Bahnstrecke, in offener Geländeabsenkung geführt, unterquert das Brückenbauwerk. Daraus ergab sich die einzigartige Chance, Bahnhof, Vorfahrt und Abfertigungshalle übereinanderzuschichten und die Wege extrem kurz zu halten. Von den Bahnsteigen führen nun Treppen, Rolltreppen und ein gläserner Aufzug zunächst in die Vorfahrtsebene und dann in den direkt darüber liegenden Zentral-Check-In.

Für die Parkhauskerne, die rechts und links von den Gleisen stehen, mußten alle Szenarien eines Katastrophenfalls durchgespielt und damit der Nachweis erbracht werden, daß, selbst wenn einzelne Stützen ausfallen, die Brücke trotz Entgleisung oder Aufprall von Lokomotiven weiterhin hält.

September 2003

Neun Jahre sind seit dem Planungsbeginn vergangen. 1998 wurde das Parkhaus fertig, seit 2002 steht die Gepäckhalle nahe dem Terminal B im Süden, seit Frühjahr 2003 gibt es den Zentral-Check-In und die damit verbundene Mall, im Juni 2003 wurde der ICE-Bahnhof in Betrieb genommen.

Die enorme Länge des Brückenbauwerks tut seinem Erscheinungsbild außerordentlich gut. Noch ist es nicht vollständig zu erleben, denn der zweite Bauabschnitt wird es noch um gut ein Drittel weiter strecken. Die Mall auf der Ostseite ist zwar gradlinig, doch für das Auge scheint sie zu schwingen, das macht die ellipsoide Form der gläsernen Haut, die bis in den Schatten der Untersicht reicht. Von Westen betrachtet, stellt sich das Parkhaus, horizontal bebändert, hinter riesigen Fachwerkträgern quer in die Landschaft. Noch eindrucksvoller wäre diese Wand, wenn das Gelände hier bewegt wäre, denn dann würde das Brückenhafte an ihr noch deutlicher hervortreten. Ankommend mit der Bahn und zunächst die Länge der Mall nur mit einem Seitenblick erahnend, gerät man, fast ohne es zu wollen, nach oben in die überraschend helle Abfertigungshalle. Die Treppen führen automatisch dorthin, der gläserne Fahrstuhl ohnehin. Die Zwischenzone mit der Vorfahrt ist dunkler, doch bei der geschlossenen Wand auf der Innenseite wird das fehlende Licht durch hinterleuchtete Glasbausteine kompensiert. Die Zwischenzone erinnert an die opulenten, niedrig gehaltenen Vorfahrten der Hotels aus den 60er Jahren.

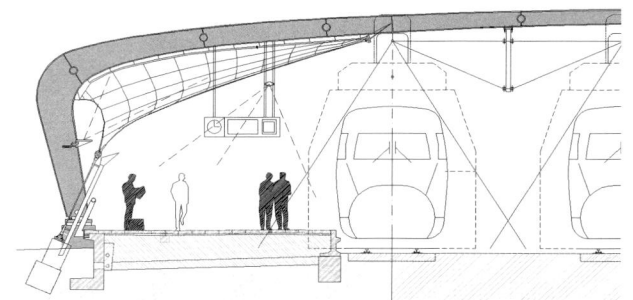

Oben angekommen, steht man im Licht. Licht, das von der gläsernen Nordseite, von dort, wo eines Tages weitergebaut wird, hereinkommt, Licht, das von oben durch die abwechselnd angehobenen und abgesenkten Flügelsegmente einfällt und vor allem das Licht, das, ein wenig weiter ab, den Innenraum der Mall in seiner ganzen Länge durchflutet. Jetzt erst wird die eigentliche Dimension deutlich. Jetzt erst orientiert man sich. Hier sind die Abfertigungsschalter, dort, wo sich der Raum verengt und erst einmal kein Ende abzusehen ist, liegt die Mall. Mall bedeutet hier: ein gerader, lang gestreckter Raum wie ein Steg, einseitig flankiert von aufgereihten Läden, ein Raum, der, und das bemerkt man erst, wenn man sich darin befindet, von zwei Seiten erhellt wird, von der gebogen verglasten Ostseite (mit Ausblick in die Landschaft), und von dem hohen, durchgehenden Oberlichtstreifen auf der Westseite, hinter dem, oberhalb der Ladenzone, die gelben Fachwerkträger des Parkhauses erscheinen. Das Parkhaus begleitet die Mall einschließlich der Abfertigungshalle auf der ganzen Länge, es ist das Rückgrat der Brücke.

In der grünen Mitte unter der Brücke war einmal eine Wasserfläche vorgesehen, um sicherzustellen, daß dort nichts Bauliches zu wuchern beginnt. Die wird es jedoch leider nicht geben – nichts Geflügeltes darf angelockt werden, denn es könnte den Flugverkehr stören. Die Grünplanung gehörte zum Leistungsumfang, und die klare Ordnung der baumüberstandenen Parkplätze ist bereits sichtbar. Auch die Straßenlampen stehen schon und tragen, wie vieles andere, das hier nicht zur Sprache kam, die Handschrift der Architekten.

24. Schnitt durch den Bahnhof mit der Halle für den Check-in im Hintergrund.
25. Detailschnitt durch die Konstruktion mit Abspannung der Membranen und Entwässerungsdetail.
26. Grundriß und Aufriß des Bahnhofs mit Schnitt durch das Brückenbauwerk.

24. Section through the railway station with the check-in hall in the background.
25. Detailed section through structure with tie-down of the membrane and drainage detail.
26. Floor plan and elevation of the railway station with section through the bridge building.

And what should a railway station look like to project its own image? The answer was a series of rounded steel frames across the tracks, placed every 14 m. Translucent roofing membranes cover platforms and external tracks, leaving the two express tracks in the middle open. The teflon-lined fabric gives a feeling of elastic space, well distinguished from the airport proper and flexible enough to accommodate the banana-shaped station, which gradually opens up towards the east and the west to clear the signals. That means, no two sections of the roof are identical. A simple steel cable in the middle of each unit pulls the sides down and directs the rain water to fan-shaped receptacles. Since open stretch membranes were a novelty for German rail stations, again the sceptics had to be convinced.

The transverse frames are connected by tubular purlins to brace the roof and to protect the building above from electro-magnetic fields of tension created by the trains. The frames take up all paraphernalia, such as overhead lines, signals, train indicators, lighting, speakers. The level of the tracks, decided upon long before, provided just enough clearance below the bridge to fit in the station and the drop-off/pick-up level. The railway runs in a depressed section below the airport bridge, allowing the perfect solution of minimum distances by placing station, drop-off/pick-up and check-in hall on top of each other. Stairs, escalators and glazed lifts connect the train platforms with car access and passenger drop-off/pick-up level, above which is the central check-in.

The supporting cores of the car park to the left and right of the tracks were submitted to several catastrophe scenarios, in order to prove that the bridge would be safe in case of derailment, impact of locomotives, damage to a pylon.

September 2003

Nine years have passed since planning began. The car park was completed in 1998; since 2002 the baggage sorting hall near the south terminal is in service. Since spring 2003 we have the central check-in with the attached mall, in June 2003 the high-speed rail-way station became operational.

The enormous length of the bridge greatly enhances its impact. We still do not get the full effect, since the second construction phase will add another 30%. The mall on the east side is dead straight, but its ellipsoidal shape, the glass skin bulging outward till it recedes in the shadow of the bottom, make it swing. To the west the horizontal slabs of the car park, held by enormous trusses, run across the landscape. The bridging effect would have been even more impressive on a rolling site.

Arriving by train and hardly noticing the length of the mall, we almost automatically reach the surprisingly bright departure hall. Escalators and stairs point the way, the glazed lifts even more. The intermediate level for drivers is darker, but the back-lit glass blocks of the interior wall compensate for it. This level recalls the low, yet richly appointed porches of 1960s hotels.

Once on the top level we are bathed in light. Light from the glazed north side – where construction will continue. Light which enters through staggered roofs and, a bit further off, light flooding the full-length open mall. Only now we realise the true dimensions, now we find our bearings. Here are the check-in counters and there, where the space contracts towards infinity, is the mall. Mall means in this case an elevated concourse along a string of shops, being lit from both sides, the glazed curving east elevation and a clerestory strip above the shops, which also reveals the huge yellow trussed frame of the car park behind. This parking continues all along the mall, including the central check-in; it is the backbone of the bridge.

There was a plan for a reflecting pool in the green space under the bridge to avoid uncontrolled future building. Unfortunately, this had to be scrapped: no birds must be attracted, because they could harm air traffic. Landscape design was part of the project and the orderly arrangement of tree-covered open parking can already be seen. Also street lamps are already installed and, like so many other details we could not mention, they carry the mark of the architects.

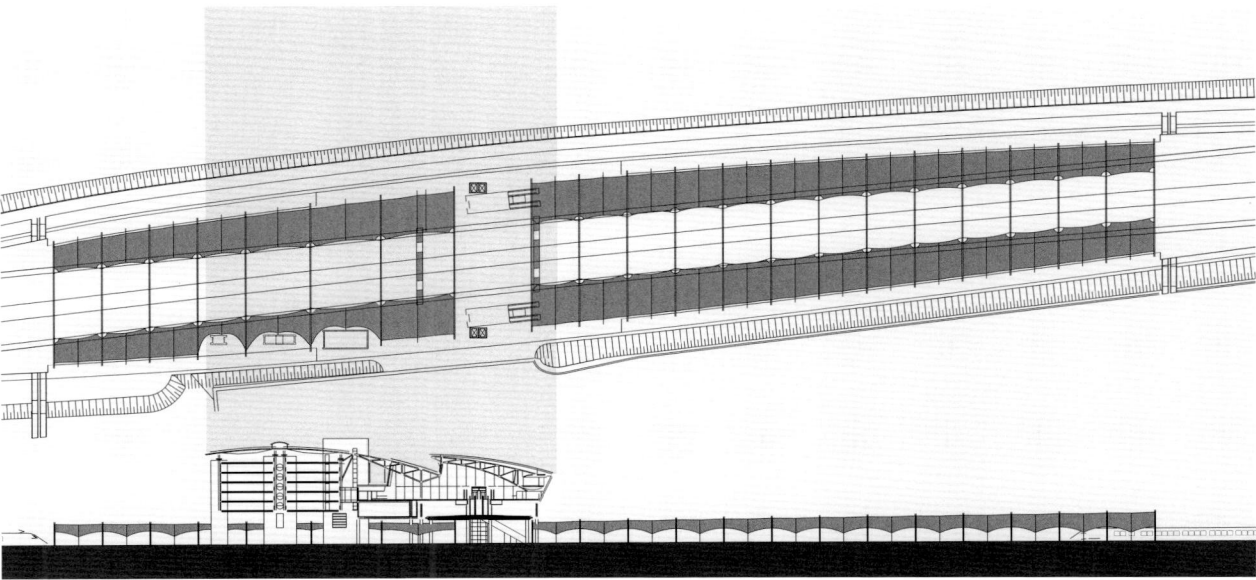

1, 2. Grundriß der Passagierebene mit Mall, Zentral-Check-In, Parkierung und Abflug sowie Schnitt A–A durch die Mall. Legende: Legende: 1 Parkhaus, 2 Mall, 3 Läden, Reisebüros, 4 Zentral-Check-In, 5 Check-in-Counter, 6 Ticketing, 7 Airline-Büros, 8 Passagierverbindung zur Vorfahrt und zur Bahn, 9 Vorfahrt für Busse und Taxen, 10 Vorfahrt für PKWs, 11 Kurzparkplätze, 12 Bahnhof, 13 Autobahn, 14 Terminal Süd, 15 optionale Erweiterung, 16 ehemaliger Tower, 17 Terminal Nord, 18 Gepäckbeförderung, 19 Gepäckhalle, 20 Medienkanal, 21 Hotel, 22 Grünfläche.

1, 2. Floor plan of the passenger level with mall, central-check-in, parking and departure and section A–A through the mall. Key: 1 car park, 2 mall, 3 shops, tourist agencies, 4 central check-in, 5 check-in counter, 6 ticketing, 7 airline offices, 8 passenger connection to drop-off/pick-up and railway, 9 drop-off/pick-up for buses and taxis, 10 drop-off/pick-up for private cars, 11 short-time parking, 12 railway station, 13 motorway, 14 south terminal, 15 optional extension, 16 former tower, 17 north terminal, 17 baggage conveyor, 18 baggage hall, 20 media channel, 21 hotel, 22 green open space.

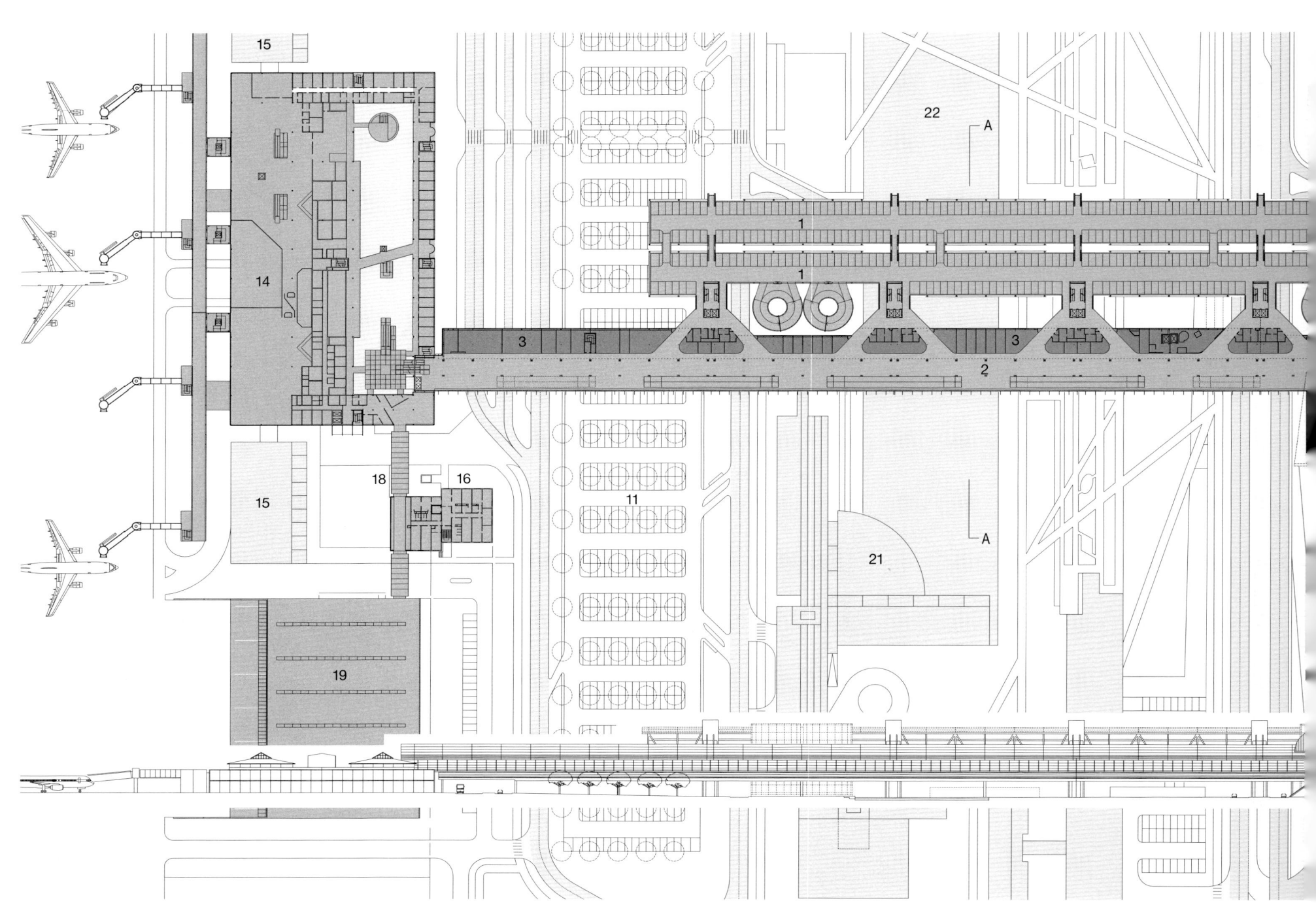

1
3
2
20
18

0 10 50
1. BA
B
1
1
5
5
3
2
4
8
8
6
7
12
B
1. BA
10
13
10
17
11
9
11
11

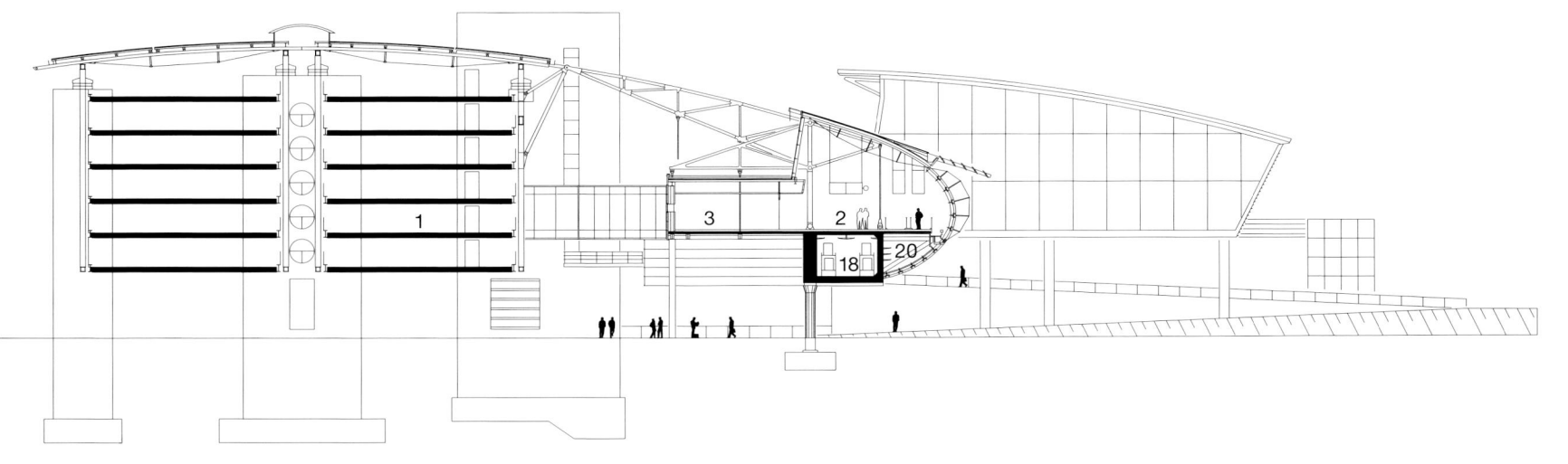

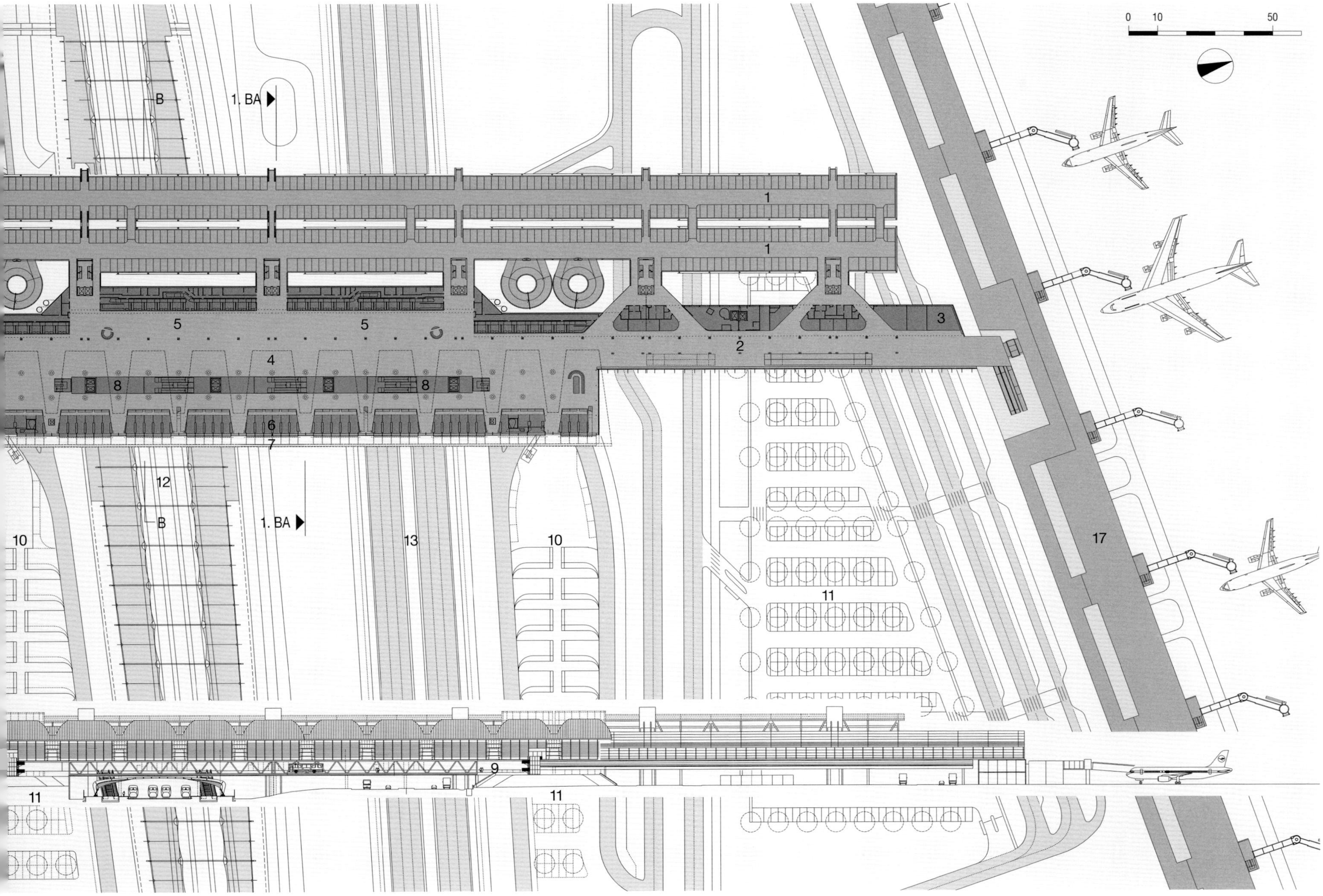

3, 4. Grundriß der Vorfahrts- und Technikebene und Schnitt B–B durch den Zentral-Check-In und das Parkhaus. Legende: 1 Parkhaus, 4 Zentral-Check-In, 5 Check-in-Counter, 6 Ticketing, 7 Airline-Büros, 8 Passagierzugang zur Vorfahrt und zur Bahn, 9 Vorfahrt für Busse und Taxen, 10 Vorfahrt für PKWs, 11 Kurzparkplätze, 12 Bahnhof, 13 Autobahn, 14 Terminal Süd, 15 optionale Erweiterung, 16 ehemaliger Tower, 17 Terminal Nord, 18 Gepäckbeförderung, 19 Gepäckhalle, 20 Medienkanal, 21 Hotel, 22 Grünfläche.

3, 4. Floor plan of the drop-off/pick-up and technical-services level and section B–B through the central check and the car park. Key: 1 car park, 4 central check-in, 5 check-in counter, 6 ticketing, 7 airline offices, 8 passenger connection to drop-off/pick-up and railway, 9 drop-off/pick-up for buses and taxis, 10 drop-off/pick-up for private cars, 11 short-time parking, 12 railway station, 13 motorway, 14 south terminal, 15 optional extension, 16 former tower, 17 north terminal, 17 baggage conveyor, 18 baggage hall, 20 media channel, 21 hotel, 22 green open space.

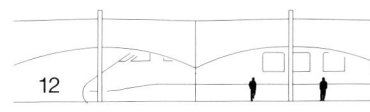

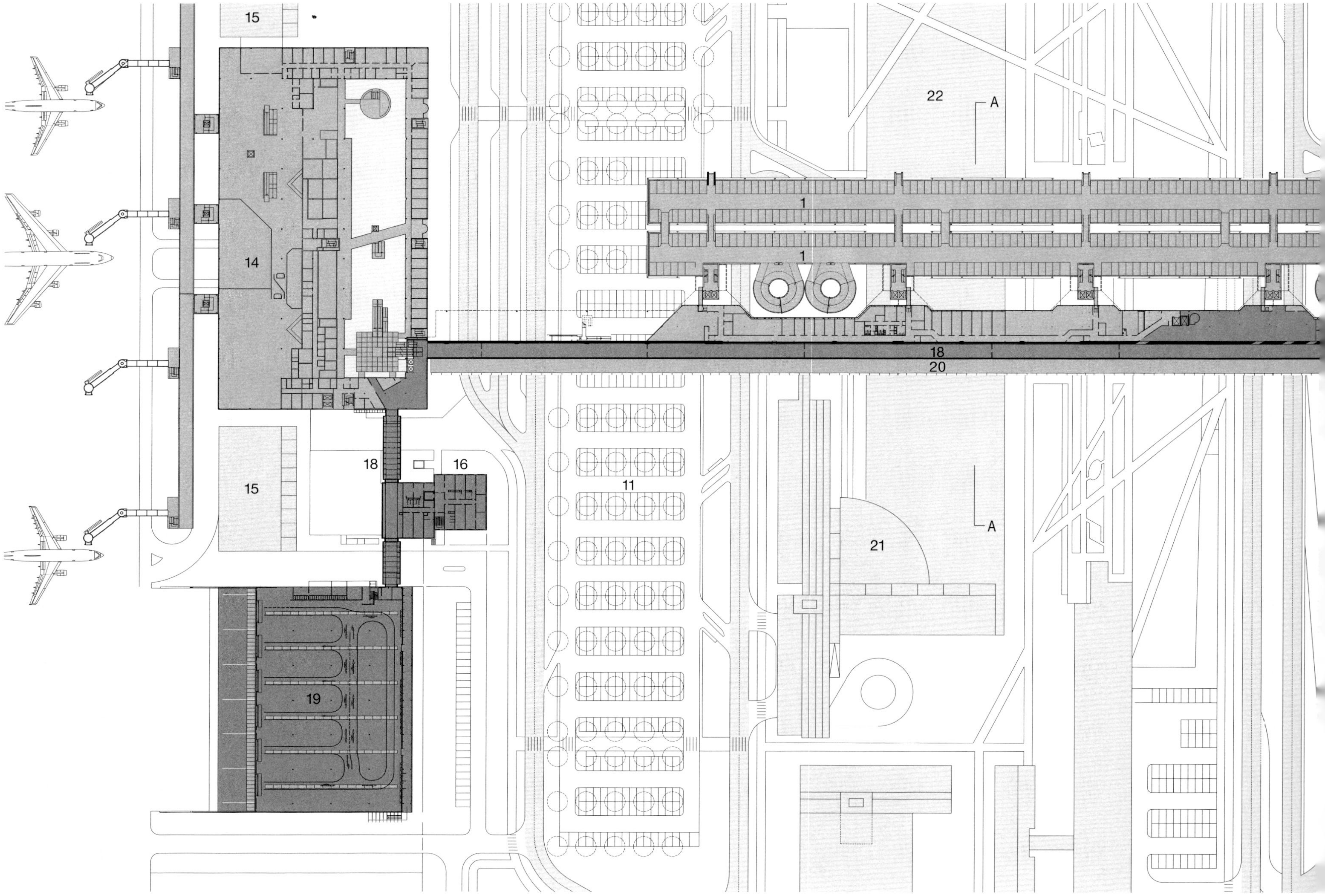

1
5
4
8
7
6
18
9
12

0 10 50
B
1. BA
1
1
18
8
9
12
13
B
1. BA
10
10
17
11
11
11

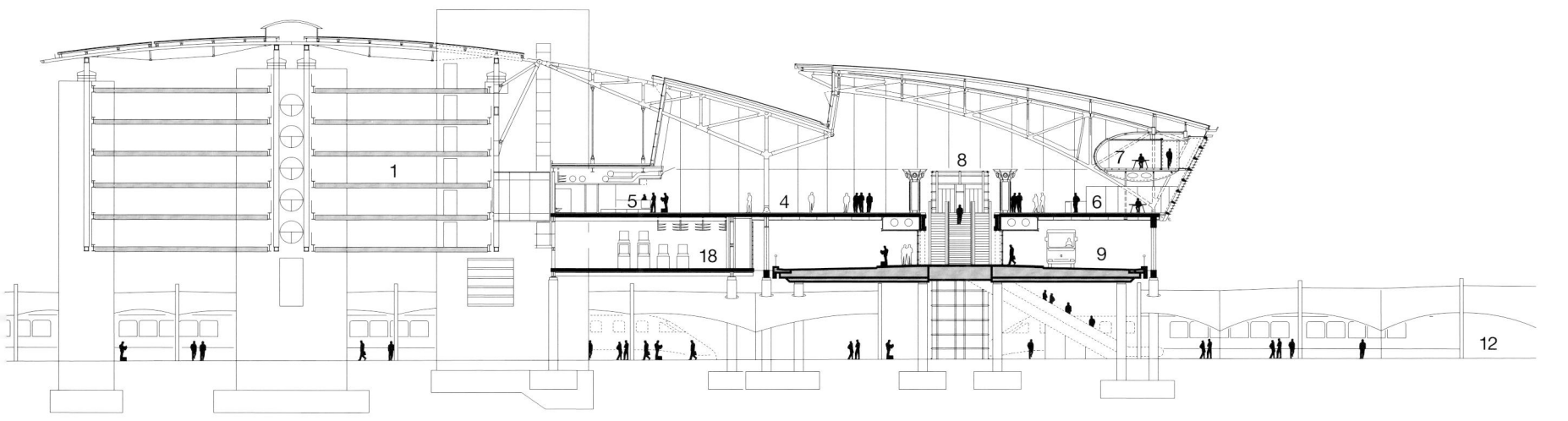

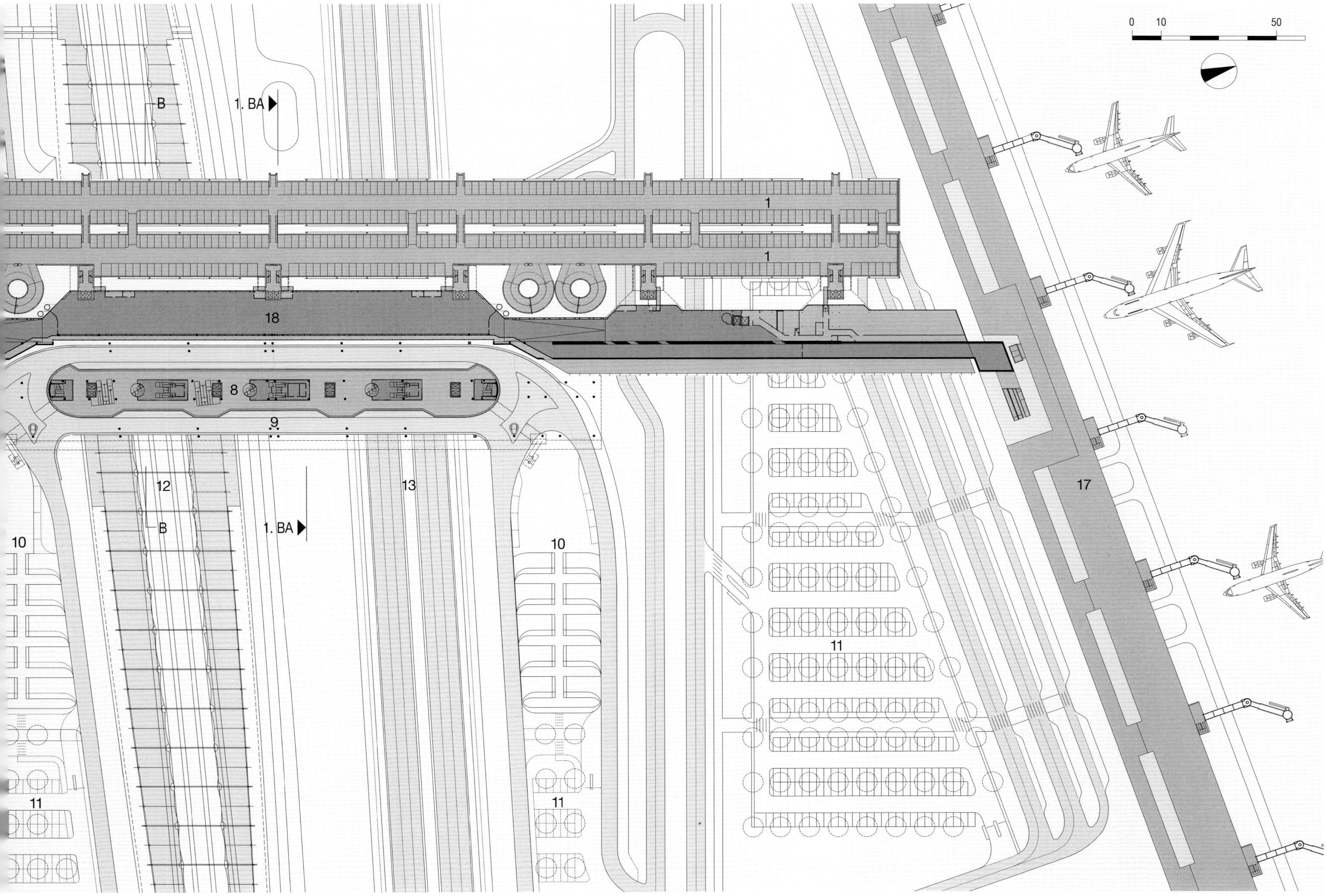

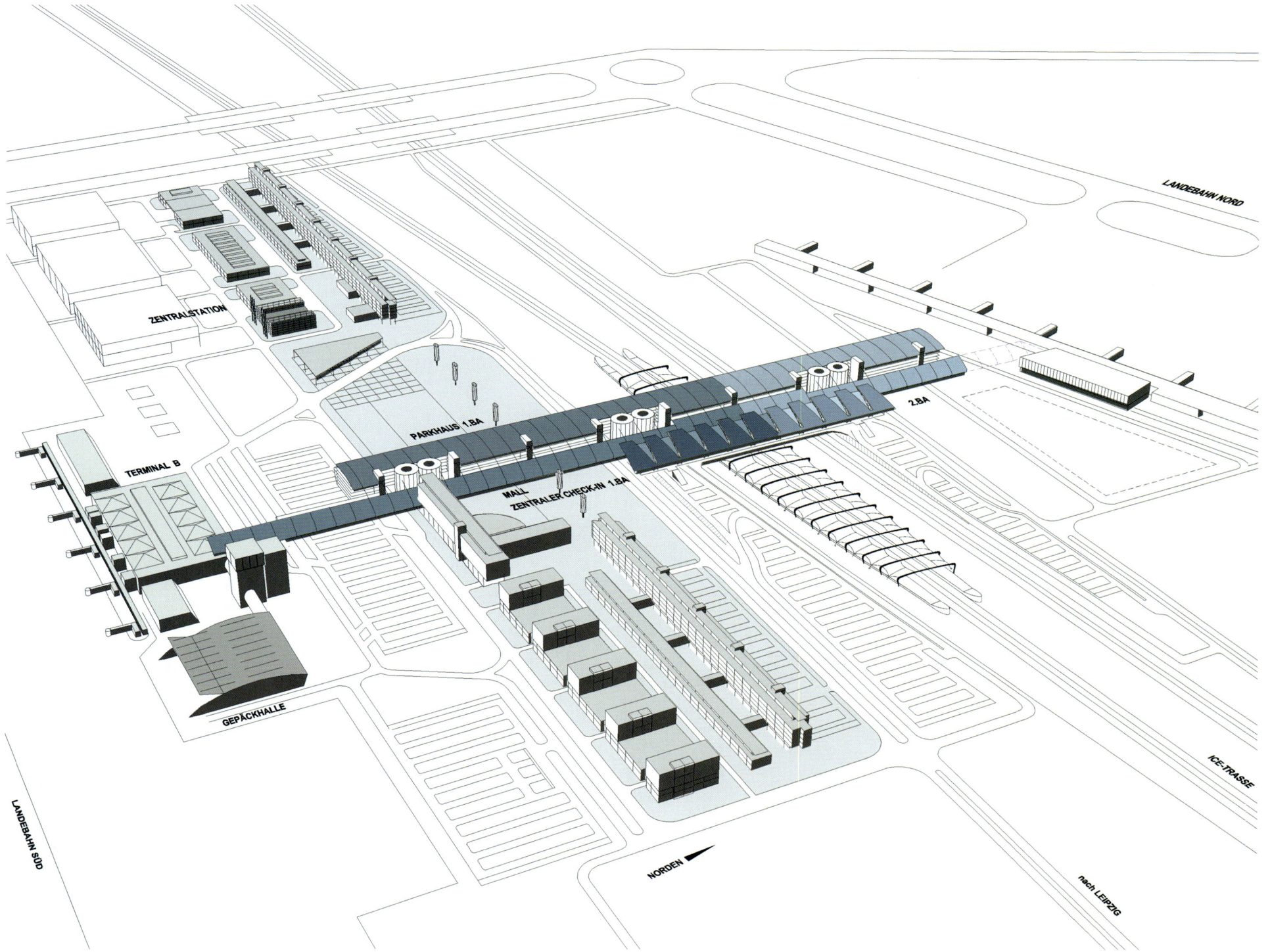

S. 26/27
1. Der erste Bauabschnitt ist abgeschlossen. Die Brücke geht über die ICE-Trasse hinweg und endet vor der Autobahn. Die Nordfassade liest sich jetzt wie ein Schnitt durch alle Teile des Brückenbauwerks.

2. Vogelperspektive des Masterplans von Südosten in der endgültigen Fassung von 1998.

3. Luftaufnahme der Gesamtanlage von Westen im Jahr 2001. Links die neue Start- und Landebahn Nord, rechts die alte Start- und Landebahn Süd mit dem vorhandenen Abfertigungsbereich. Dazwischen spannt sich das Brückenbauwerk in der Länge des ersten Bauabschnitts. Mitten durch die Gesamtanlage verlaufen die Autobahn und die neue ICE-Trasse. (Photo: Uwe Schossig, Leipzig.)

p. 26/27
1. The first phase is completed. The bridge crosses the high-speed railway station and ends at the motorway. The north elevation reads like a section through all parts of the bridge structure.

2. Bird's eye view of the masterplan seen from the southeast in the final version of 1998.

3. Aerial view of the whole complex from the west in 2001. To the left, the new runway north, to the right, the old runway south with the existing terminal. In between the first phase of the new airport bridge. The whole complex is bisected by the the motorway and the new high-speed tracks. (Photo: Uwe Schossig, Leipzig.)

4, 5. Das Parkhaus von Westen. Der Blick aus der Nähe läßt schemenhaft die dahinterliegende Parkhausspindel erkennen, der Blick von weither zeigt die freigehaltene Mitte unter dem Brückenbauwerk.

4, 5. The car park seen from the west. The detailed view barely reveals the spiral car-ramps behind, the distant view shows the open middle part under the bridge.

6. Der südliche Kopf des Parkhauses mit einer Auskragung um rund 20 m. Deutlich wird die Zweiteilung des Gebäudes in zwei konstruktiv getrennte Elemente.
7. In der Mitte des Parkhauses der Lichtschlitz. Funktional werden die beiden Parkierungsstränge durch Fahrbrücken und Fußgängerwege zwischen den Mittelpylonen verbunden, gestalterisch werden sie durch die symmetrische Dachneigung zusammengehalten.

6. The south end of the car park, cantilevering c. 20 m. The division of the building into two structural independent elements is clearly expressed.
7. The skylight slit in the centre of the car park. Functionally, both parking lanes are connected by car bridges and walkways between the middle pylons, in design terms, they are connected by the symmetrically inclined roof.

8. 9. Großräumige, beidseitig belichtete Treppenhäuser mit gegenläufigen Treppen erschließen Parkhaus und Mall.

S. 36/37
10. Das Parkhaus bei Nacht.

8, 9. Generous staircases serve all levels of mall and car park. They have two opposing runs for separate up- and down traffic.

p. 36/37
10. The car park at night.

11. Die flughafeninternen Erschließungsstraßen, die unter dem Brückenbauwerk durchlaufen, sind an die Parkhausspindeln direkt angeschlossen.

12. Blick über den vollendeten ersten Bauabschnitt von Südosten mit dem ICE-Bahnhof, der Halle für den Zentral-Check-In, dem Brückenbauwerk aus Mall und Parkhaus, der neuen Gepäckhalle, dem alten Tower und dem bereits 1994 errichteten Süd-Terminal. (Photo: Falcon Crest, Ashausen.)

11. The internal access roads passing under the bridge building are directly connected with the car ramps.

12. View of the completed first phase from the southeast with the high-speed railway station, the central check-in hall, the bridge building containing the mall and the car park, the new baggage hall, the old tower and the south terminal already completed in 1994. (Photo: Falcon Crest, Ashausen.)

13. Ostseite des Parkhauses, von der Mall aus gesehen.
14. Westseite des Parkhauses mit einer der Spindelzufahrten.

13. East side of the car park, seen from the mall.
14. West side of the car park with one of the spiral ramp accesses.

15, 16. Orientierungsmöglichkeiten an jedem Ort: Blick von einem der Stege in den offenen Bereich zwischen Parkhaus und Mall und Durchblick von der Mall in den Übergang zu Treppenhaus und Parkplätzen.

15, 16. Clear orientation at every spot: View from one of the walkways into the space between the car park and the mall and view from the mall towards the passage leading to staircase and parking.

17, 18. Die Mall: innen ein lichter Weg, hier in Richtung Zentral-Check-In, mit einem blauen Fries oberhalb der Läden als Leitlinie. Links zeigt sich das Parkhaus durch die obere Verglasung, auf der rechten Seite begleitet die Landschaft den Passagier durch die Mall. Von außen eine Röhre, auf einer einzigen Stützenreihe aufgelagert und gegliedert durch die über- und unterspannten Fassadenträger und den auskragenden Blendschutz.

S. 46/47
19. Umkehrung der Lichtverhältnisse bei Nacht: Die indirekte Beleuchtung erhellt das undurchsichtige Dach über der Mall, während die am Tag durchsichtigen Glasscheiben auf der Ostseite zu Spiegeln werden.

17, 18. The mall: inside a bright passage, here towards the central check-in, with a blue frieze above the shops acting as guide line. To the left appears the car park behind the high windows, to the right the open landscape accompanies the passenger on his way through the mall. Outside a tube, supported by a single row of columns and articulated by curved mullions with thin stay-wires and projecting sun-breakers.

p. 46/47
19. Night-time illumination reverses the visual effect: the closed roof is lit up by flood lighting, while the otherwise transparent glazing on the east side turns into a mirror.

20. Paravent mit Flughafensignet im Bereich der Vorfahrtsebene.
21. Vorfahrtsbrücke mit der Nordfassade des Zentral-Check-In. Die hinterleuchtete Wand aus Glasbausteinen ersetzt das Tageslicht auf der Westseite und korrespondiert mit der offenen Ostseite.

S. 50/51
22. Der Übergang von der Mall in den Zentral-Check-In mit untergeschobener Vorfahrtsebene.

20. Panel with airport logo on the drop-off/pick-up level.
21. Drop-off/pick-up bridge with the north façade of the central check-in. The back-lit wall of glass blocks replaces daylight on the west side, in balance to the open east side.

p. 50/51
22. The junction of the mall and the central check-in with drop-off/pick-up level below.

23, 24. Die Halle des Zentral-Check-In: Das Dach ist in Segmente zerlegt, die sich heben und senken und zwischen sich durch senkrechte Glasfelder Licht einlassen. Die Achse der Erschließungselemente zur Vorfahrtsebene und zu den Bahnsteigen wird durch einen Mittelstreifen aus Glasbausteinen betont. Begleitet wird diese Achse von Stelen, die für Zuluft sorgen, indirektes Licht an die Decke werfen und mit hinterleuchteten Glasmänteln als Werbeträger fungieren.

23, 24. The central check-in hall: the roof consists of staggered segments with clerestorys for illumination. Vertical circulation units are related to each other by a stretch of glass block flooring along the bridge axis. Parallel to it are multi-function pillars for air-conditioning and flood lighting, with back-lit glass shafts for advertisements.

25. Check-in-Counter auf der Westseite des Zentral-Check-In.
26. Direkt gegenüber befinden sich die Ticketing-Counter und darüber, als eingehängte Gondeln, die Airline-Büros.

S. 56/57
27. Die Halle des Zentral-Check-In mit Treppe nach unten zur Vorfahrtsebene.

25. Check-in counters at the west side of the central check-in hall.
26. Right opposite are the ticketing booths and above them, as suspended gondolas, the airline offices.

p. 56/57
27. Central check-in hall with descent to the drop-off/pick-up level.

S. 58/59

28. Der ICE-Bahnhof bei Nacht mit den angestrahlten Membrandächern über den Bahnsteigen. Darüber sichtbar: die erleuchtete Vorfahrtsebene und die Halle des Zentral-Check-In.

29, 30. Korbbogenträger bilden eine Klammer über die Gleise und die beiden Bahnsteige hinweg und erzeugen so, trotz der offenen Mitte, eine räumliche Wirkung. Das transluzente Membrandach akzentuiert die Bahnsteigbereiche.

p. 58/59

28. The high-speed railway station at night with flood-lit membrane roof over the platforms. Above we can see the drop-off/pick-up level and the central check-in hall.

29, 30. Curved steel frames stretch across platforms and tracks and create a unified space, in spite of the open centre. The translucent roof membranes define the platform areas.

31, 32. Die Transluzenz der Überdachung unterstützt die Atmosphäre eines zur Landschaft hin offenen Bahnhofs.

31, 32. The translucency of the roofing enhances the effect of openness towards the landscape.

33. Die Gepäckhalle öffnet sich unter einem weit auskragenden Schutzdach zum Vorfeld.
34. Blick über die Anlage von Osten. Links die Gepäckhalle mit dem alten Tower, im Vordergrund die streng geometrisch gehaltene Bepflanzung, die das Brückenbauwerk begleitet. (Photo: Uwe Schossig, Leipzig.)

33. Below a deep canpy the baggage hall opens to the apron.
34. The complex seen from the east. To the left, the baggage hall with the old tower, in the foreground the regular landscaping facing the bridge building. (Photo: Uwe Schossig, Leipzig.)

35, 36. In die zum Vorfeld weisende Seite der Gepäckhalle sind Tore und technische Einrichtungen integriert. Durch einen Glasstreifen im Vordach wird ein optimaler Lichteinfall garantiert.

35, 36. The apron side of the baggage hall combines gates with mechanical equipment. A glass strip in the canopy ensures optimal illumination.

S. 68/69
37–50. Details ...

S. 70/71
51. Auch bei Nacht setzen sich die verschiedenen Baukörper klar voneinander ab.

p. 68/69
37–50. Details ...

p. 70/71
51. Also by night the different parts of the building are clearly recognisable.

**Flughafen Leipzig/Halle
04029 Leipzig**

Planungszeit / Planning period
1994–2001

Bauzeit / Construction period
1996–2003

Bauherr / Client
Flughafen Leipzig/Halle GmbH, Leipzig

Generalplaner / Master planner
AP Brunnert Plan GmbH, Stuttgart/Leipzig/Berlin –
Hans-Georg Brunnert, Udo Breiderhoff
Masterplan, städtebauliche Planung, architektonische Planung, Innenraumgestaltung, Landschafts- und Verkehrsplanung, Tragwerksplanung, Haustechnik, Bauphysik, Schallschutz
Masterplan, urban planning, architectural planning, interior design, landscape and traffic planning, structural engineering, mechanical engineering, structural physics, sound proofing

Architektonische Planung / Architectural planning
AP Brunnert und Partner, Stuttgart
Mall, ZCI, Parkhaus / Mall, central check-in, car park
Hellmut Schiefer
Bahnhof / Railway station Gudrun Ahrens
Gepäckhalle / Baggage hall Peter Hoffmann
Heizkraftwerk und Elektrozentralstation / Heat and power station Jürgen Rau
Mitarbeiter / Collaborators: Sonja Braith, Johanna Brozek, Barbara Dillenkofer, Elmar Faulhaber, Ursula Förstner, Heike Fuchs, Sabine Gall, Helmut Geißel, Gerhard Hauck, Lutz Heimann, Martin Herdeg, Stefan Hohbach, Wolfgang Kluthe, Stefanie Rack, Joachim Steimer, Ulrich Weinmann, Susanne Widmer

Objektüberwachung / Site management
AP Brunnert und Partner, Stuttgart
Mitarbeiter / Collaborators: Eberhard Gessert, Martin Meixner, Klaus Piescioch, Hans-Joachim Scheibe

Tragwerksplanung / Structural engineering
Schlaich, Bergermann und Partner, Stuttgart

Haustechnik / Mechanical engineering
HL-Technik AG, Stuttgart/München
Scholze Ingenieurgesellschaft mbH, Leinfelden-Echterdingen

Landschafts- und Verkehrsplanung / Landscape and transport planning
AP Brunnert und Partner, Stuttgart
Grünplan GmbH Eberhard Krauss, Dresden
Spiekermann GmbH & Co., Leipzig

Bauphysik, Schallschutz / Structural physics, sound proofing
Horstmann + Berger, Ingenieurbüro für Bauphysik, Altensteig

Fassadenplanung / Façade planning
Schiller + Partner, Fassadentechnik, Kornwestheim

Weitere Planungsbeteiligte / Further planning participants

EMV (Elektromagnetische Verträglichkeit) / EMC (Electromagnetic compatibility)
DE Consult GmbH, Stuttgart

Brandschutz / Fire prevention
Hosser, Hass + Partner, Braunschweig

Gepäcksystem / Baggage system
Logplan GmbH, Frankfurt/Main

Projektsteuerung / Project management
Bauplanung Stoessel, München/Berlin/Leipzig

Die folgenden Firmen und Institutionen haben die Herausgabe dieses Buches finanziell unterstützt:
The following firms and institutions have given financial support to the publication of this book:

Aloys Bockholt GmbH, Schkeuditz
Bauplanung Stoessel, München/Berlin/Leipzig
Boetker Metall + Glaskonstruktionen GmbH, Bremen
DE Consult GmbH, Stuttgart
Fenster-Keller, Neuenstein
Fuhrmann Werbeservice GmbH, Lichtenfels
Mitteldeutsche Flughafen AG Leipzig
Otis GmbH, Halle
Schiller + Partner, Fassadentechnik, Kornwestheim
Schlaich, Bergermann und Partner, Stuttgart
Scholze Ingenieurgesellschaft mbH, Leinfelden-Echterdingen
Schwab GmbH, Amberg
Skifer & Naturstein, Bergen, Norwegen/Norway